إدارة الوقت

المفهوم والقواعد والمهارات

عنوان الكتاب: إدارة الوقت - المفهوم والقواعد والمهارات

تأليف: د. مدحت محمد أبو النصر

رقم الإيداع: 2011/9951

الترقيم الدولي: 978-977-6298-20-0

ديوي: 650,1

تحذير:

حقوق الطبع محفوظة

الطبعة الثالثة

2015

الناشر

المجموعة العربية للتدريب والنشر

8 أ شارع أحمد فخري - مدينة نصر - القاهرة - مصر

تليفاكس: 22759945 - 22739110 (00202)

الموقع الإلكتروني: www.arabgroup.net.eg

E-mail: info@arabgroup.net.eg

elarabgroup@yahoo.com

إدارة الوقت

المفهوم والقواعد والمهارات

Time Management

تأليف

أ. د. مدحت محمد أبو النصر

رئيس قسم المجالات بكلية الخدمة الاجتماعية - جامعة حلوان

أستاذ تنمية وتنظيم المجتمع بجامعة حلـوان

دكتوراه من جامعة Wales ببريطانيا

أستاذ زائر بجامعة .C.W.R بأمريكا

أستاذ معار بجامعة الإمارات العربية المتحدة (سابقاً)

رئيس قسم العلوم الإنسانية بكلية شرطة دبي (سابقاً)

عضو معهد شارترد- الإدارة - لندن

الناشر

المجموعة العربية للتدريب والنشر

Arab group

2015

بِسْمِ اللـهِ الرَّحْمَنِ الرَّحِيمِ

(إِنَّ فِي خَلْقِ السَّمَاوَاتِ وَالأَرْضِ وَاخْتِلاَفِ اللَّيْلِ وَالنَّهَارِ لآيَاتٍ لِّأُوْلِي الألْبَابِ {190/3})

صدق اللـه العظيم

(آل عمران:190)

ويقول الرسول صلى اللـه عليه وسلم:

« نعمتان مغبون فيهما كثير من الناس، الصحة والفراغ ».

صدق رسول اللـه صلى اللـه عليه وسلم

رواه البخاري

الإهداء

إلى كل العاملين والقيادات في المؤسسات الحكومية
ومنشآت القطاع الخاص ومنظمات المجتمع المدني من
أجل إدارة أفضل لوقت العمل لديهم.

المحتويات

المحتويــات _____

المقدمة

دقـــات قلـــب المـــرء قائلــة لـــه   إن الحيـــاة دقـائق وثوانـــي

والوقت هو الحياة؛ هو عمر الإنسان وأيامـه التـي لا تقـدر بـثمن، وهو أمسـه ويومـه وغده.

كل لحظة تمر من عمرنا لا تعوض، ولا شك في أن تقـدم أي إنسـان أو منشـأة أو دولـة يكمن في درجة إحساسها بقيمة الوقت والاستفادة المثلى منه.

ويحتاج الإنسان في العصر الحالي المليء بالمشاغل والمسئوليات والمشكلات أن يدير وقته بكفاءة وفعالية، وأن يحرص على توظيفه توظيفاً جيداً خاصة أن الوقت هو الحياة، وإضاعة الوقت هي إضاعة للحياة.

إن تنظيم وإدارة الوقت يعد أمراً ضرورياً لتحقيق النجـاح في الحيـاة والعمـل. إن الأمـر متروك لك، فالوقت وقتك.. وهو يـرتبط بشخصك في المقـام الأول، فـإذا مـا تفهمـت المبـادئ الأساسية لإدارة الوقت وحولتها إلى عادات سلوكية، فسوف تزيد فرص نجاحك في إدارة وقتك.

إن مهـارات إدارة الوقت هـي مهـارات لا تولـد مـع الإنسـان، وإنمـا تكتسـب بـالتعلم والتعليم والتدريب.

ومما لاشك فيه أن الحرص على عنصر الوقت وترشيد استخدامه هـو السبيل إلى تقـدم أي منظمة وأي مجتمع. ولقد لوحظ أن المنظمات الناجحة والمجتمعات المتقدمة أكثر حرصاً على مورد الوقت وحسن استثماره، وأن المـنظمات غـير الناجحـة والمجتمعـات المتخلفـة أقـل حرصاً على مورد الوقت ولديها مظاهر عديدة لإضاعته.

ويحاول الكتاب الحالي: «إدارة الوقت: المفهوم والمهارات» إلقاء الضوء على مفهـوم كـل من الوقت وإدارته، ورصد مضيعات الوقت في الحيـاة والعمـل، واقتراح قواعد إدارة الوقـت، وعرض للمهارات المرتبطة بذلك.

ويهدف الكتاب إلى تطوير مهارات القارئ في تنظيم وإدارة الوقت سواء في الحياة أو العمل، ويبقى عليك أن تبذل المجهود المطلوب لاكتساب عادات تنظيم وإدارة الوقت وحسن استثماره، وذلك قد يستغرق منك بعض الوقت (من 21 إلى 28 يوماً). والعادة هي ما يفعله الإنسان بصورة آلية متكررة دون جهد فكري أو مشقة بدنية. والعادات يمكن اكتسابها، ويمكن تغييرها.

ولتحقيق هذا الهدف، فقد تضمن الكتاب عدد سبعة فصول، هي كالتالي:

الفصل الأول   :   مفهوم إدارة الذات.

الفصل الثاني   :   مفهوم الوقت.

الفصل الثالث   :   مضيعات الوقت وأساليب التغلب عليها.

الفصل الرابع   :   مفهوم إدارة الوقت.

الفصل الخامس   :   قواعد وأساليب وأدوات الوقت.

الفصل السادس   :   مهارات إدارة الوقت.

الفصل السابع   :   استقصاءات عن الوقت وإدارة الوقت.

ثم يلي هذه الفصول ملحقاً يتضمن استمارة استبيان كانت جزءً من رسالة ماجستير عن «إدارة وقت العمل الرسمي لدى القادة التربويين» أشرف المؤلف عليها بالاشتراك مع زميل فاضل من جامعة عدن بدولة اليمن الشقيقة.

هذا ويمكن استخدام الكتاب لأغراض عدة مثل:

1- التعلم الذاتي والدراسة الفردية: فلقد تم تصميم الكتاب ليمكنك من تعليم نفسك بنفسك.

2- البرامج التدريبية: يمكن استخدام الكتاب كملف تدريبي يتم توزيعه على المتدربين في برنامج تدريبي يدور حول موضوع الكتاب.

3- التدريب عن بعد: يمكن إرسال الكتاب إلى هؤلاء الذين لا يتمكنون من حضور البرامج التدريبية.

4- البحوث العلمية: يستطيع الباحثين في مجالات علم الإدارة وعلم اجتماع المنظمات وعلم النفس الإداري والصناعي ومهنة التدريب ومهنة الخدمة الاجتماعية.. استخدام الكتاب كمرجع في بحوثهم النظرية والميدانية.

هذا ولقد تم استخدام حوالي 76 مرجعاً عربياً و 38 مرجعاً أجنبياً في إعداد هذا الكتاب - ما بين كتاب وبحث ومقال وترجمة ومؤتمر، هذا بالإضافة إلى عرض بعض الجداول والأشكال التوضيحية لتبسيط وشرح موضوعات الكتاب.

والمؤلف يشكر الله سبحانه وتعالى على توفيقه في إعداد هذا الكتاب المتواضع، والذي به بعض النواقص بلا شك، فالكمال لله وحده.

وبـاللـه التوفيق،،

المـؤلـف

أ.د. مدحت محمد أبو النصر

القاهرة: 2008

الفصل الأول

مفهوم إدارة الذات

أشتمل هذا الفصل على:

📖 مقدمـــة.

📖 مفهوم إدارة الذات.

📖 Self Management

📖 أهمية إدارة الذات.

📖 مبادئ إدارة الذات.

📖 وسائل تنمية الذات

📖 محاور إدارة الذات

مقدمة

تشير دراسات عديدة إلى أن إدارة الوقت Time Management هي إدارة الذات Self Management، بمعنى أن الإدارة الفعّالة للوقت تعني إدارتك لنفسك.

وفي إحدى الدراسات التي قامت بها إحدى البيوت الاستشارية في الولايات المتحدة الأمريكية عام 2000، ظهر أن الوقت وخصائصه في حد ذاته ليس سبباً في عجزنا عن أداء المهام المطلوبة منا في الوقت المتاح.. ولكن أسلوبنا في إدارة أنفسنا وطريقتنا في إدارة وقتنا هي المشكلة.

والفصل الحالي يتحدث عن إدارة الذات من حيث المفهوم والأهمية والوسائل والمحاور .. كمدخل تمهيدي لشرح موضوع إدارة الوقت.

إدارة الذات هي إحدى أشكال الإدارة، فكل عنصر من عناصر الإدارة أصبح هناك شكل من أشكال الإدارة له.

فهناك على سبيل المثال: إدارة الذات وإدارة الموارد البشرية وإدارة الوقت والإدارة بالأهداف والنتائج والإدارة المالية.

مفهوم إدارة الذات

ويمكن تحديد مفهوم إدارة الذات بأنه:

● كيف يدير الشخص ذاته؟

● كيف يتحكم في نفسه؟

● كيف يتحكم في مشاعره، حتى تصبح مناسبة وإيجابية.

● كيف يعدل اتجاهاته،حتى تصبح مناسبة وإيجابية.

● كيف يعدل سلوكه، حتى يصبح سلوكه اجتماعياً وإيجابياً؟

- كيف يدير وقته بشكل أفضل؟
- كيف يقلل الاحتراق الوظيفي Job Burnout لديه؟
- كيف يشعر بالسعادة في عمله؟
- كيف يحول شعوره بالتفاؤل تجاه الحياة والعمل؟
- كيف يزيد كفاءة وفاعلية أدائه في العمل؟

Self Management means:

- How to understand your self?
- How to improve your self?
- How to manage your life effectively?
- How to manage your work effectively?
- How to manage your time effectively?
- How to deal with others effectively?
- How to decrease your life burnout?
- How to decrease your job burnout?
- Self control.
- Transparency.
- Adaptability.
- Achievement orientation.
- Initiative.
- Optimism.

أهمية إدارة الذات:

يشير عمرو حسن بـدران في كتابـه «كيـف تحقـق ذاتـك» إلى أن إدارة الـذات وسـيلة الإنسان لإدارة يومه، وقيادة حياته نحو النجاح. هذا وتؤكد سـوزان سـلفر Susan Silver في كتابها «النظام كأفضل ما يكون» المنشور عام 1994 أن الإدارة الفعّالة للذات تؤدي إلى تـوفير الوقت واستثماره، والاستفادة من الفرص مـن خلالـه، لهـذا السـبب بالتحديـد فإن الفعاليـة الشخصية لا تعني إنجاز أكبر قدر من العمل كل يوم، وإنما إنجاز أهم الأعمال في أقل وقت.

ولتوضيح أهمية إدارة الذات كمدخل رئيسي لإدارة التغيير سواء عـلى المسـتوى الفـردي أو الجماعي أو التنظيمي، يمكن تقديم الشكل التالي:

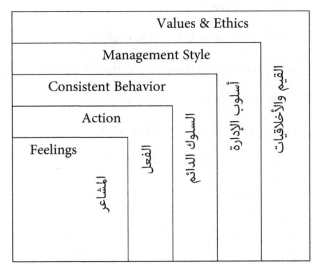

شكل رقم (1)

مصفوفة التغيير

كذلك يمكن أن نؤكد أن حُسن إدارة الذات يجعل الشخص ذو شخصية قوية وإيجابية وفاعلة بما يسهل وييسر له عملية إدارة الآخرين وقيادتهم بشكل سليم ومناسب وعلى العكس، فإن فاقد الشيء لا يعطيه، بمعنى أن الذي لا يستطيع إدارة ذاته لا يستطيع أن يدير الآخرين.

وفي كتابه عن العادات السبع أكد ستيفن كوفي Stephen R. covey - أحد أبرز علماء الإدارة المعاصرين - على أن حُسن إدارة الذات والاعتماد عليها هو أساس تحقيق النصر الشخصي، وتحقيق النصر الشخصي هو الطريق إلى تحقيق النصر الجماعي.

وهذا ما يوضحه لنا الشكل رقم (2) التالي:

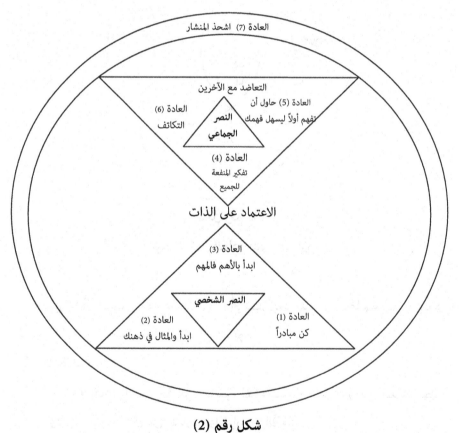

شكل رقم (2)

العادات السبع للناس الأكثر فعالية

كذلك أوضـح سـتيفن كـوفي في كتابـه «العـادات السـبع لأكـثر النـاس فعاليـة» The 7 Habits of Highly Effective People والمنشور عام 1989 ثم في طبعة جديدة عـام 2004، كيف تتكون العادة لدى الإنسان. والشكل التالي يوضح أن العادات لدى الإنسان تتكون بداية من وجود الرغبة لدى الإنسان بتعلم هذه العادة، ثم يبدأ بتكوين المعرفة عنهـا، ثـم يحـول هذه المعرفة إلى سلوك من خلال اكتساب المهارة على ممارسة هذه العادة.

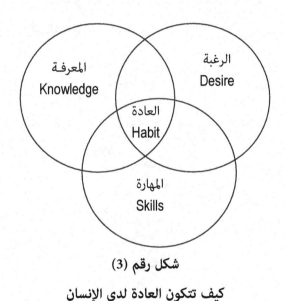

شكل رقم (3)

كيف تتكون العادة لدى الإنسان

ويشير علماء النفس بصفة عامـة، إلى أن الإنسـان يسـتطيع أن يـتعلم عـادة جديـدة أو يقلع عن عادة قديمة خلال فترة من 21 إلى 28 يوماً.

مبادئ إدارة الذات:

المبادئ Principles هـي حقائق أساسـية لها صـفة العموميـة، وهـي كـذلك خطـوط إرشادية وقواعد موجهة لكل من الممارسة والقرارات والأفعال.

فالمبادئ هي مجموعة مستويات تحدد ما هو صحيح وما هو خطأ، بمعنى أنها مجموعة الأحكام أو التعميمات التي تستعمل كموجهات للسلوك وللعمل.

ويمكن التوصل إلى المبادئ؛ إما عن طريق الدروس المستفادة من الخبرات المكتسبة أو عن طريق نتائج البحث العلمي أو الاثنين معاً.

هنا ويمكن تحديد بعض مبادئ إدارة الذات كالتالي:

1- لا تستنفذ طاقتك في إصلاح القديم، ولكن ركز على إبداع الجديد.

Never waste your energy to mend the old, but focus on creation the new .

2- الفشل يولد اليأس، بينما التغذية العكسية (إرجاع الأثر) تدعم النجاح.

Failure begets disappointment, but feedback supports success .

3- المرونة وليس الجمود تكسبك الفاعلية.

Flexibility not rigidity earn you effectiveness.

4- نقص الألفة تقود إلى المقاومة.

Lake of rapport leads to resistance.

5- النوايا تختلف عن السلوك.

Intention differs from behaviors.

6- الأفراد في حاجة إلى نتيجة التغيير.

Individuals need to effect change.

7- ما هو ممكن لشخص ما فهو ممكن للآخرين.

What is possible for someone, possible for others.

8- المعنى المراد توصيله من خلال الرسالة يكمن في الاستجابة لها.

The intended meaning of the massage lies in the response.

9- الإدراك يكون في العقل والواقع.

Perception in mind and reality.

10- أنا مسئول عن قراراتي ونتائجها.

I am responsible for my decisions and its results.

والملاحظ على هـذه المبادئ أنها مبـادئ بسيطة وواضحة ومباشرة وقابلـة للتطبيـق والممارسة بشرط وجود الفهم والاقتناع والإرادة.

وسائل تنمية الذات:

يمكن تحديد بعض وسائل تنمية الذات كالتالي:

1- المعرفة بالذات.

2- قبول الذات.

3- تقدير الذات.

4- مراجعة وتقييم الذات.

5- إدراك الواقع بشكل سليم ومعقول.

6- القراءة الهادفة والمستمرة.

7- المناقشة والحوار وخاصة مع الأشخاص الأكثر كفاءة.

8- تبادل الخبرات.

9- السفر (الرحلات والزيارات).

10- حضور البرامج التدريبية.

11- برمجة العقل بالتأكيدات الإيجابية.

محاور إدارة الذات:

هناك محاور عديدة لإدارة الذات بالشكل المتميز نـذكر منها عـلى سـبيل المثـال المحـاور التالية:

1- قبول الذات.

2- معرفة/ إدارك الذات.

3- الثقة بالذات.

4- تكوين صورة إيجابية عن نفسك/ الذات.

5- تحسين الصورة الذاتية.

6- تقديم الذات بطريقة إيجابية.

7- التلون لتكوين انطباع حسن لدى الغير.

8- إدارة العواطف/ المشاعر.

9- القدرة على تجنب التوتر والقلق والضغط النفسي والانفعال قدر الإمكان.

10- حفز الذات.

11- تنمية الذات.

12- إدارة الوقت

الفصل الثاني

مفهوم الوقت

أشتمل هذا الفصل على:

📖 مفهوم الوقت.

📖 خصائص الوقت.

📖 كيف ينفق الإنسان وقته اليومي في العادة.

📖 أهمية الوقت.

📖 قيمة الوقت في الإسلام.

📖 أنواع الوقت.

الوقت أغلى سلعة بالنسبة لنا، كيفية قضائك لوقتك أهم بكثير من إنفاقك لمالك.

(جون سي. ماكس ويل)

دقـــات قلـــب المـــرء قائلـــة لـــه   إن الحيـــاة دقـــائق وثـــواني

مفهوم الوقت

الوقت هو الحياة؛ هو عمر الإنسان وأيامه التي لا تقدر بثمن، هو أمسه ويومه وغده.

ويعرف الوقت Time بأنه مادة الحياة، وهو مقدار من الزمن قدر لأمر ما، وهـو يشـير إلى وجود علاقة منطقية لارتباط نشاط أو حدث معين بنشاط أو بـآخر، ويعبر عنه بصيغة الماضي أو الحاضر أو المستقبل. ولقد تم التعارف على تحديد وحدة قياس الوقت بالسـاعة أو أجزائها.

ويعرف مارشال كوك M. Cook في كتابه إدارة الوقت Time Management الوقت بأنه وسيلة لقياس الحياة وأنه أغلى مورد لدى الفرد والمنظمة.

ويعتبر مفهوم الوقت من المفاهيم الديناميكية Dynamic Concept التي لا غنى عنها في دراسة التغير والنمو والتطور والتغيير.

الماضي والحاضر والمستقبل هي عمر الإنسان والأمم. وهي دورة حياة الدنيا. ولاشك في أننا ندرك الزمن عن طريق إدراكنا للماضي والحاضر والمستقبل.

ثلاثية الزمن هذه سلسلة متفاعلة لا يمكن الفصل بـين حلقاتهـا. فالماضي هـو التـاريخ، وهـو البداية. والحاضر فيه جزء من الماضي وامتداد له. والمستقبل هو تطوير للحاضر. والخط الـذي يصل بين هذه الحلقات نطلق عليه خط الزمن الممتد من الماضي إلى المستقبل ويمر بالحاضر.

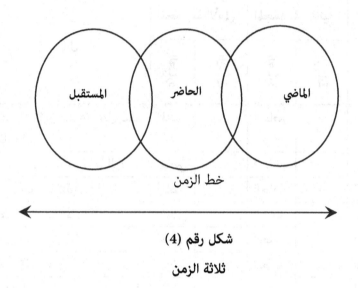

شكل رقم (4)

ثلاثة الزمن

وهناك من الناس من ينظر دائماً إلى الماضي، ولا يعبأ بالحاضر والمستقبل إلا قليلاً وثمة من ينظر إلى المستقبل دائماً ولا يهتم بالحاضر والماضي، وفريق ثالث يهتم بالحاضر فقط، ولا يلتفت إلى الماضي ولا إلى المستقبل.

إذا أردت أن تعرف إلى أيه فئة من الناس تنتمي. فأجب عـن الاستقصـاء بوضع علامـة (✔) أمام العبارة المناسبة والتي تنطبق عليك.

السؤال	المجموعة الأولى		المجموعة الثانية		المجموعة الثالثة	
	العبارة	الإجابة	العبارة	الإجابة	العبارة	الإجابة
1- عندما تكون بمفردك هل تنظر غالباً إلى:	الماضي		الحاضر		المستقبل	
2- هل أنت مشدود دائماً إلى:	الماضي		الحاضر		المستقبل	
3- هل كثيراً ما تتذكر:	الماضي		الحاضر		المستقبل	
4- هل أنت مشغول أكثر بـ:	الماضي		الحاضر		المستقبل	
5- هل تحن أكثر إلى:	الماضي		الحاضر		المستقبل	
6- هل تفكر كثيراً في:	الماضي		الحاضر		المستقبل	
7- عند اتخاذ قرار، هل تضع في حسبانك بشكل أكبر:	الماضي		الحاضر		المستقبل	
8- هل ينشرح صدرك عندما ترى أو تفكر في:	الماضي		الحاضر		المستقبل	
مجموع العلامات						

التعليمات:

يرجى جمع علامات (✓) رأسيا لكل مجموعة على حدة:

1- إذا حصلت على علامات (✓) في المجموعة الأولى أكثر من المجموعتين الثانية والثالثة كل على حدة، فأنت مشدود إلى الماضي. حيث خط الزمن لديك من ناحية الخلف (الماضي) طويل. اهتمامك بالحاضر قليل ولا تفكر في المستقبل. أنت تريد تثبيت عقارب الساعة والزمن. ننصحك بأن تعيش حياتك الحالية ، ولا تحبس نفسك في اجترار الماضي بحلوة ومرة، عليك أيضاً أن تخطط لمستقبلك.

2- إذا حصلت على علامات (✔) في المجموعة الثانية أكـثر مـن المجموعتين الأولى والثالثة كل على حدة، فأنت تهتم بالحاضر، وتعيشه بشكل متفاعـل، حيـث خـط الـزمن لـديك قصير من الجهتين (من ناحية الخلف «الماضي» ومن ناحية الأمام «المستقبل»).

وأنت غالباً تكره الماضي، وتخشى المستقبل، وتعيش اللحظة الحاضرة، نـذكرك بـأن الماضي لابد من الاستفادة منه بما فيه من خبرات ونجاح وفشل. والمستقبل مهم لأنه الأمـل. ولا حياة من دون أمل.

3- إذا حصلت على علامات (✔) في المجموعة الثالثة أكثر مـن المجموعتين الأولى والثانية كل على حدة، فأنت تفكر بالمستقبل، ولديك قلق دائـم نحـو الغـد. خـط الـزمن لـديك قصير من الخلف «الماضي» وفي الوسط «الحاضر»، وطويل من الأمام «المستقبل».

لتقليل القلق لديك، نعرفك بأن المستقبل خليط بـين شقين أحدهما يمكن إدارته لأنه إرادي، وآخر لا يمكن السيطرة عليه لأنه قدري خارج عن الإرادة.

ننصحك بأن تستفد من الماضي فهو مملوء بالمعلومات والخبرات، وأن تعيش الحـاضر لأنـه بوابة المستقبل الذي تخطط له، ومن دون حاضر ناجح لن يكون هناك مستقبل مشرق.

ويمكن أن نقدم نصيحة هامة في هذا المجال، وهي: أن الناس يمكن أن يحققوا النجاح في حياتهم بواسطة التركيز على يومهم. وقد تبدو هذا الفكرة بسيطة للغاية، ولكن اليـوم هـو كل ما تملكه. فقد فات أوان الأمس، ولا يمكنك التعويل على الغد. لهذا فإن اليوم له أهميتـه، وفي أغلب الأحيان لا نعي هذه الحقيقة. لماذا؟. لأننا نغـالي في تقدير الأمس أو ننتظـر غـد أفضل دون جهد مبذول يحقق ذلك.

خصائص الوقت

والوقت يمثل أحد الموارد المهمة والنادرة لأي إنسان وأية منظمة؛ والوقت كمورد له خصائص عديدة منها: أنه موزع على الكل بالتساوي. فكلنا لديه 24 ساعة يومياً، و 7 أيام أسبوعياً، و 52 أسبوعاً في السنة. كذلك فالوقت لا يمكن شراءه أو بيعه أو استئجاره أو إحلاله أو تخزينه أو إدخاره أو استرجاعه أو إطالته أو زيادة سرعته، فضلاً عن كونه أحد مدخلات العمل الإداري، ولهذا يجب الحفاظ عليه والإحساس بقيمته والعمل على إدارته بشكل منظم وكفء.

أيضاً يمكن أن نقول أن:

1- الوقت مورد محدود له بداية وله نهاية: وهو عبارة عن عمر الإنسان المحدد له وأنه لا يمكن تنمية هذه الموارد أو تمديده أو إضافة سنوات أو أشهر أو حتى أيام أو ساعات له.

2- الوقت سريع الانقضاء: فالوقت يمر كلمح البصر، فهو يفر من الإنسان بسرعة عجيبة خاصة عندما يكون الشخص مزحوماً بالأعمال والمشاغل.

3- الوقت لا يرحم: فهو لا يعطي اعتباراً لمن غفل عنه أو يراعي مشاعره إنه يمضي دون شفقة ودون رأفة بحال الإنسان الغير مدرك لأهميته.

4- الوقت كمورد له خصوصية خاصة، فأنت يمكن أن تكسب المال وتتعلم المهارات وتكسب الأصدقاء، إلا أنه لا يمكنك أن تخلق الوقت.

كيف ينفق الإنسان وقته اليومي في العادة؟

تشير نتائج الدراسات إلى أن الإنسان العادي ينفق يومه العادي ما بين سبعة نوعيات من الأنشطة، ويؤدي عدم القيام ببعضها أو تكثيف القيام بالبعض على حساب البعض الآخر إلى فقدان الفرد للتوازن المطلوب والتضحية بالأهداف أو المنافع في أحد الجوانب لحساب بعض الجوانب الأخرى. إن عدم التوازن أو التضحية ببعض

الأهداف إنما يرجع غالباً إلى ما يسمى ظاهرة «سوء إدارة الوقت.. أو عدم القدرة على استثمار الوقت».

توزيع الوقت اليومي للشخصي العادي

النشاط	عدد الساعات	النسبة
مزاولة العمل الرسمي	8	%33.0
رعاية أمور العائلة	1	%4.2
التنقل	2	%8.4
تناول الوجبات	2	%8.4
تطوير ذاتي وترويجي	2	%8.4
النوم والراحة	7	%29.2
العبادة وأنشطة أخرى	2	%8.4
المجموعة	**24**	**%100**

لقد أقسم الله سبحانه وتعالى بأجزاء معينة من الوقت(والليل والنهار، والفجر، والضحى، والعصر) ويتفق المفسرون على أن الله إذا أقسم بشيء من خلقه يكون للفت النظر إليه، وينبه الناس على جليل منفعته. **يقول الله تعالى:**

(**إِلَى يَومِ الْوَقْتِ الْمَعْلُومِ {38/15}** (الحجر: 38).

(**يَسْأَلُونَكَ عَنِ السَّاعَةِ أَيَّانَ مُرْسَاهَا**) (الأعراف: 187).

(**إِنَّ فِي خَلْقِ السَّمَاوَاتِ وَالأَرْضِ وَاخْتِلاَفِ اللَّيْلِ وَالنَّهَارِ لآيَاتٍ لِّأُوْلِي الألْبَابِ {190/3}**) (آل عمران: 190).

وورد الحديث عن الوقت في القرآن الكريم مرات عديدة، وكلها تشير إلى أهميته في حياة الإنسان نذكر منها:

(**قَالَ فَإِنَّكَ مِنَ الْمُنظَرِينَ {37/15} إِلَى يَومِ الْوَقْتِ الْمَعْلُومِ {38/15}**) (اجر: 37-38).

(**إِنَّ الصَّلاَةَ كَانَتْ عَلَى الْمُؤْمِنِينَ كِتَابًا مَّوْقُوتًا {103/4}**) (النساء: 103).

(**وَلَمَّا جَاء مُوسَى لِمِيقَاتِنَا وَكَلَّمَهُ رَبُّهُ**) (الأعراف: 143).

(**وَاللَّيْلِ إِذَا يَغْشَى {1/92} وَالنَّهَارِ إِذَا تَجَلَّى {2/92}**) (الليل: 1-2).

(**وَالْفَجْرِ {1/89} وَلَيَالٍ عَشْرٍ {2/89}**) (الفجر: 1-2)

(**وَالضُّحَى {1/93} وَاللَّيْلِ إِذَا سَجَى {2/93}**) (الضحى: 1-2).

(**هُوَ الَّذِي خَلَقَ السَّمَاوَاتِ وَالْأَرْضَ فِي سِتَّةِ أَيَّامٍ**) (الحديد: 4).

ويقول الرسول صلى الله عليه وسلم :

«اغتنم خمساً قبل خمس: حياتك قبل موتك، وصحتك قبل سقمك، وفراغك قبل شغلك، وشبابك قبل هرمك، وغناك قبل فقرك» (أخرجه الحاكم والبيهقي وصححه الألباني).

«نعتمان مغبون فيهما كثير من الناس؛ الصحة والفراغ» (أخرجه البخاري).

«اللهم بارك لأمتي في بكورها» (أخرجه أبو دادو).

وعن معاذ بن جبل رضي الله عنه أن النبي صلى الله عليه وسلم قال: «لن تزول قدماً عبد يوم القيامة حتى يسأل عن أربع خصال: عن عمره فيما أفناه، وعن شبابه فيما أبلاه، وعن ماله من أين اكتسبه وفيما أنفقه، وماذا عمل فيما علم» (رواه الطبراني، بإسناد صحيح).

أيضاً كان للصحابة وللسلف الصالح اهتمام بالوقت نذكر من ذلك:

قال سيدنا عمر بن الخطاب رضي الله عنه في إحدى خطبه: «أحذركم عاقبة الفراغ، فإنه أجمع لأبواب المكروه والمنكر».

قال سيدنا على بن أبي طالب رضي اللـه عنه: «مـن أشرقت عليه الشـمس ولم يـؤد عمـلاً في دنياه أو آخرته أو يكتسب علماً أو يتقرب إلى اللـه سبحانه وتعالى، فقد عاق يومه».

كذلك قال سيدنا على بن أبي طالب رضي اللـه عنه: «روحوا القلوب ساعة بعد ساعة فإن القلوب إذا كلت عميت».

قال ابن مسعود رضي اللـه عنه: «ما ندمت على شيء ندمي على يـوم غربت شمسه نقص فيه أجلي ولم يزد في عملي».

قال الخليفة عمر بن عبد العزيز رضي اللـه عنه: «إن الليل والنهار يعملان فيـك، فأعمل فيهما».

ويذكر أن أحد الصالحين طلب من رابعة العدوية أن تنصحه فقالت له «أنت أيام إن ذهب يوم منها ذهب بعضك وإن أوشكت هي على الذهاب أوشكت أنت على الزوال».

ومن المقالات المشهورة لبعض العلماء عن الوقت وإدارته نذكر:

يقول صمويل جونسون: «إن فن الحياة الأكبر هو الانتفاع بالوقت أحسن انتفاع»

ويقول مايكل لبوف: «إن إدارة الوقت تعني إدارة نفسك».

ويقول فيكتور هوجو: «تسود الفوضى عندما نترك الوقت نهباً للصدفة».

ويقول بيتر دركر: «الوقت هو أندر الموارد فـإذا لم تـتم إدارتـه.. لـن تـتم إدارة أي شيء آخر».

ويقول بيجامين فرانكلين: «الوقت مال Time is Money».

وتقول الأمثال الشعبية تقديراً لقيمة الوقت:

«الوقت من ذهب»، «الوقت مال»، «الوقت كالسيف إن لم تقطعـه قطعك»، «غداً دولار جديد Tomorrow is a new dollar»، «الوقت والموج لا ينتظران أحداً».

كل لحظة تمر من عمرنا لا تعوض، ولاشـك في أن تقدم أي إنسـان أو منشـأة أو دولة يكمن في درجة إحساسها بقيمة الوقت والاستفادة المثلى منه.

أخيراً.. وليس بآخر، فإن الوقت أغلى ما يملك الإنسان من الموارد، فلو قيل لإنسان في العشرين من عمره سنعطيك مبلغ مليون جنيه ونجعلك في السبعين من عمرك، لأجاب بالموافقة، وكم من ثري أو سياسي يريد خسارة ماله أو منصبه ويعود به الزمن عشرين أو ثلاثين سنة إلى الوراء.

الاستفادة من الوقت يزيد من قيمته

يشرح زكي قمر هذه المقولة كالتالي:

ترى ما هي قيمة قضيب من حديد؟!!

● كقضيب خام من الحديد	يساوي	5	دولار
● إذا صنع على شكل نعل حصان	يساوي	11	دولار
● إذا صنع على شكل أبر	يساوي	255	دولار
● إذا صنع على شكل سكاكين	يساوي	2285	دولار
● إذا صنع على شكل زنبركات ساعات	يساوي	2500	دولار

وهكذا الوقت كالحديد، بقدر ما تبذل من جهد في إدارته وتنظيمه واستثماره بقدر ما تزداد قيمته.

إن المهام العظام يمكن إنجازها حين يستغل الإنسان وقته بكفاءة.

إن مقياس تقدم الأمم، وازدهار حضارتها ونهضتها هو حسن استثمار لوقت أفرادها وإدارتها له.

قيمة الوقت في الإسلام

بالإضافة إلى ما تم ذكره في البند السابق عن قيمة الوقت، فإنه يمكن إضافة الآتي في ضوء مبادئ وقيم الدين الإسلامي:

1- **واجب المسلم نحو وقته:**

فعلى كـل مسـلم أن يـدرك أهميـة الوقت وضرورة تنظيمـه وإدارتـه بالشـكل السـليم والمناسب وأن يستثمره في طاعة الـله ورسوله وفي أداء العبادات وفي أداء العمل المطلوب منـه وفي خدمة العباد وذلك بإخلاص وإتقان. ومن صور ذلك نذكر:

أ - الحرص على الاستفادة من الوقت.

ب- تنظيم الوقت بشكل رشيد.

ج- شغل أوقات الفراغ فيما ينفع الإنسان والناس.

2- **أسباب تعين المسلم على حفظ الوقت:**

هناك أسباب عديدة تعين المسلم على حفظ وقته، نذكر منها:

أ - محاسبة النفس.

ب- تربية النفس على علو الهمة.

ج- تنويع الأعمال حتى لا يشعر الإنسان بالملل.

د- إدراك خصائص الوقت، ومنها أن الوقت مورد هام ولا يمكن إعادته أو تعويضه.

هـ- الابتعاد عن صحبة مضيعي الوقت.

و- تذكر الموت وساعة الاحتضار، مما يجعل الإنسان حريص على اغتنـام وقتـه في مرضاة الـله تعالى.

3- **مجالات استثمار الوقت لدى المسلم:**

مجالات استثمار الوقت لدى المسلم كثيرة، وعليه أن يختار ما هو أنسب لـه وأصلح، ومـن هذه المجالات نذكر:

أ - قراءة وحفظ القرآن الكريم.

ب- قراءة وحفظ الأحاديث النبوية الشريفة.

ج-   طلب العلم والمعرفة، وذلك من خلال الحرص على التعلم والتعليم والتدريب.

د-   أداء العمل المطلوب منه بإخلاص وإتقان والحرص عليه وتطويره.

هـ-   الدعوة إلى الله.

و-   زيارة الأقارب وتدعيم صلة الرحم. يقول الرسول صلى الله عليه وسلم: «من أحب أن يُبسط له في رزقه، وينسأ له في أثره، فليصل رحمه» (رواه البخاري).

ز-   الأمر بالمعروف والنهي عن المنكر.

ح-   تعلم الأشياء النافعة التي تفيد المسلم وتفيد مجتمعه مثل: تعلم المهنة المناسبة أو الحرفة المناسبة.

ط-   الراحة والترفيه: فإن النفس تسأم بطول الجد، والقلوب تكل من طول العمل.

أنواع الوقت

التصنيف الأول:

في برنامج تدريبي قدمته منظمة أمديست PRC عام 2002 عن تطوير المهارات الإشرافية تم تقسيم الوقت بشكل عام إلى أربعة أنواع رئيسية من حيث طبيعة الاستخدام هي:

1- الوقت الإبداعي Creation Time

وهو الوقت المخصص للتفكير والتحليل والتخطيط للمستقبل وتنظيم العمل وتقديم مستويات الإنجاز، ويلاحظ أن معظم النشاطات الإدارية بل والإنسانية بوجه عام يمارس – أو يحب أن يمارس – فيها هذا النوع من الوقت لأنها فيحاجة إلى تفكير عميق وعلمي وتوجيه وتقويم حيث يواجه هذا النوع من المشكلات الإدارية وغير الإدارية بأسلوب علمي من كافة جوانبها بهدف تقديم حلول موضوعية ومنطقية تضمن فعالية القرارات التي تتخذ بصددها.

2- **الوقت التحضيري (الإعداد) Preparatory Time**

وهو الفترة الزمنية التي تسبق البدء في العمل، وقد يستغرق في جمع المعلومات أو حقائق معينة أو تجهيز معدات أو قاعات أو آلات أو مستلزمات عامة قبل بدء تنفيذ العمل ومن المفترض أن يتيح المدير لهذا النشاط ما يحتاجه من وقت لما قد يترتب على عدم توافر المدخلات الأساسية للعمل من خسائر اقتصادية.

3- **الوقت الإنتاجي Productive Time**

ويمثل الفترة التي تستغرق في تنفيذ العمل الذي خطط له، في الوقت الإبداعي، والتحضير له في الوقت التحضيري وحتى يكون هذا النوع فعالاً من الموازنة بين وقت الإنتاج أو التنفيذ وبين وقت الإبداع والتحضير لأن الوقت المتاح للجميع محدود بطبيعته فإن ظهر أن كثيراً من الوقت يخصص لأعمال عادية فإن ذلك يعني أن قليلاً من الوقت يخصص للإبداع والتحضير أو لأي منهما مما يجعل من التوازن عملية ضرورية لتحقيق فعالية الاستخدام لعنصر الوقت.

4- **الوقت غير المباشر In-direct time**

وهو الوقت المخصص لنشاطات فرعية عامة: لها تأثيرها على علاقات المنظمة بالغير كالمسئولية الاجتماعية وحضور الندوات والارتباط بمنظمات اجتماعية وما إليها حيث تستنفذ وقتاً ليس بالقليل الأمر الذي يستوجب قيام المدير بتحديد الوقت الممكن تخصيصه لمثل هذه النشاطات أو تفويض من يقوم بها عنه أخذاً في الاعتبار للتوازن بين النشاطات الداخلية والخارجية في إنجاز الأعمال وإيفاء جسور التعاون مع الآخرين في الخارج قائمة.

التصنيف الثاني:

يقسم محمد محمد إبراهيم الوقت حسب ظواهر الكون ودرجة تعقدها إلى خمسة أنواع هي:

1- الوقت المادي الميكانيكي:

وهو مقياس لحركة جسم مادي بالنسبة لجسم مادي كالفترة التي تستغرقها الأرض في الدوران حول الشمس أو التي يستغرقها القمر في الدوران حول الأرض. وحدات هذا الوقت متعددة كالثانية والدقيقة والساعة واليوم والشهر والسنة والعقد والقرن وغيرها.

2- الوقت البيولوجي:

وهو الوقت الذي يقيس تطور الظواهر البيولوجية ونموها، فالوقت البيولوجي يقيس مدى النضج الجسدي للأجسام الحية Physiological Maturation فقد يكون لطفلين نفس العمر الزمني Chronological Age، 9 سنوات مثلاً، ولكنهما يكونان مختلفين من حيث العمر البيولوجي Biological Age، إذ قد يكون أحدهما أكثر نضجاً من الناحية البيولوجية (الجسدية) من الآخر أي يكون قد وصل مرحلة جسدية أكثر تطوراً من الآخر لأن معدل نموه البيولوجي أسرع، ويجب التأكد هنا أن الإشارة إلى درجة نضوج الأعضاء الجسدية في الجسم وليس إلى النضج العاطفي أو الحالة النفسية على الرغم من وجود ترابط بين الجانبين في كثير من الأحيان.

يختلف الوقت البيولوجي عن الوقت الميكانيكي في أنه يقاس بمعيار داخل (معدل نمو الجسم بيولوجيا) وليس بمقياس خارجي كما هو الحال في الوقت الميكانيكي (حركة جسم مادي بالنسبة لجسم آخر خارجي) علماً بأن استخدام وحدات الزمن الميكانيكي العادية كالساعة أو اليوم أو الشهر أو السنة غير مفيد في دراسة نمو الظواهر البيولوجية وتطورها.

3- الوقت النفسي:

إذا انتقلنا من مستوى الظواهر المادية والظواهر البيولوجية إلى مستوى الإنسان فإننا نجد تصوراً مختلفاً للوقت، فالوقت النفسي هو شكل من أشكال الشعور الداخلي وإدراك المرء لذاته، وهو يعتمد بشكل رئيسي على طبيعة الحدث أو الظرف الذي يكون فيه الفرد وكذلك على حالته النفسية، فإذا كان الظرف سيئاً أو خطراً والمرء في حالة

نفسية سيئة، فإن الزمن يمر ببطء شديد، وبالتالي فقد تبدو الدقائق في مثل الظرف وكأنه ساعات.

وعلى عكس ذلك، إذا كان المرء سعيداً والحدث مفرحاً، فإن الوقت يمر بسرعة تجعل الساعة تبدو وكأنها دقيقة وبالتالي فإن الوقت النفسي يقيس انسياب الزمن داخل المرء ويمثل مدى وعيه وإدراكه لتغير الأشياء وهو مقياس ذاتي فردي غير موضوعي ونوعي خلافاً للزمن المادي الميكانيكي الذي يعتبر مقياساً عاماً موضوعياً كمياً أيضاً.

وقد استخدمت في قياس الوقت النفسي عدة طرق تركزت حول إدراك الناس للوقت ولامتداد الوقت، لقد كان يعرض على الإفراد الخاضعين للتجربة حدث معين كشريط سينمائي أو يخضعون لتجربة محددة كجلسة نقاش ثم يطلب منهم أن يقدروا الفترة الزمنية التي استغرقها الحدث.

وقد دلت نتائج هذه الدراسات أن تقدير الناس لمرور الوقت يختلف من شخص إلى آخر من ناحية، ويختلف كذلك من الوقت الحقيقي الذي تدل عليه الساعة، فمثلاً كان الوقت يبدو أطول عندما يتعرض المبحوثون إلى أحداث مملة أو كريهة، أو عندما يخضعون لفترات انتظار.

4- الوقت الاجتماعي:

وهو يختلف عن المفاهيم السابقة للوقت من حيث أن معاييره هي الأحداث الاجتماعية الهامة كمولد الرسول صلى الله عليه وسلم أو نشوب الحرب العالمية الأولى أو غير ذلك من الأحداث الهامة التي تختلف من مجتمع إلى آخر.

فإذا كان الوقت الميكانيكي يقاس بحركة جسم مادي بالنسبة لجسم مادي آخر والوقت البيولوجي يقاس بمعدل نمو الجسد فسيولوجيا، والوقت النفسي بحالة الفرد النفسية، فإن الوقت الاجتماعي يقاس بمعايير اجتماعية تدور حول أحداث هامة للمجتمع تبقى عالقة في أذهان الناس ويشيرون إليها من حين لآخر مثل وقت الحرب العالمية الثانية أو وقت الحج وشهر رمضان والأعياد بالنسبة للمسلمين.

5- الوقت الميتافيزيقي:

وهو وقت الظواهر الميتافيزيقية أو عالم ما وراء الطبيعة، وهو يختلف عن المفاهيم السابقة للوقت اختلافاً جذرياً، فيوم الحساب مثلاً أو الأزل تختلف عن المفاهيم العادية للوقت، قال الله تعالى: (**وَإِنَّ يَوْمًا عِندَ رَبِّكَ كَأَلْفِ سَنَةٍ مِّمَّا تَعُدُّونَ {47/22}**) (الحج: 47).

التصنيف الثالث:

يمكن تقسيم الوقت إلى:

1- وقت يصعب تنظيمه أو إدارته أو الاستفادة منه في غير ما خصص له:

وهو الوقت الذي نقضيه في حاجاتنا الأساسية، مثل النوم والأكل والراحة والعلاقات الأسرية والاجتماعية المهمة. وهو وقت لا يمكن أن نستفيد منه كثيراً في غير ما خصص له وهو على درجة من الأهمية لحفظ توازننا في الحياة.

2- وقت يمكن تنظيمه وإدارته:

وهو الوقت الذي نخصصه للعمل، ولحياتنا الخاصة، وفي هذا النوع بالذات من الوقت يكمن التحدي الكبير الذي يواجهنا. هل نستطيع الاستفادة من هذا الوقت؟ هل نستطيع استثماره الاستثمار الأمثل؟ كذلك يمكن تقسيم هذا النوع من الوقت إلى: وقت الذروة والنشاط ووقت الخمول وقلة المجهود.

التصنيف الرابع:

وهذا التصنيف مشابه للتصنيف الثالث (السابق)، حيث يقسم الوقت إلى قسمين هما:

1- قسم يمكن التحكم فيه.

2- قسم لا يمكن التحكم فيه.

فالوقت الذي لا يمكن التحكم فيه هو الذي يخضع لمطالب المدير المباشر والذي نادراً ما يمكن تنظيمه، ولهذا ينبغي على الفرد الاستفادة بأقصى ما يمكن من الوقت الذي لا يستطيع التحكم فيه شخصياً.

التصنيف الخامس:

يمكن تصنيف الوقت من حيث درجة التفاؤل والتشاؤم إلى:

1- الوقت الأكثر احتمالاً.

2- الوقت التفاؤلي (أقصر وقت ممكن لإنجاز المهمة أو تنفيذ المشروع).

3- الوقت التشاؤمي (أطول وقت ممكن لإنجاز المهمة أو تنفيذ المشروع).

4- الوقت التقديري المحسوب، والذي يمكن حسابه من خلال معادلات معينة ترتكز على حساب الأنواع السابقة من الوقت (أنظر الفصل الخامس).

الفصل الثالث

مضيعات الوقت
وأساليب التغلب عليها

أشتمل هذا الفصل على:

📖 مضيعات الوقت في الحياة والعمل.

📖 Time Traps & Wasters.

📖 أساليب التغلب على مضيعات الوقت.

1- الإدارة الكفؤة للأعمال المكتبية.

2- السيطرة على الفوضى.

3- القيام بالمكالمات الهاتفية بالشكل السليم.

4- القراءة السريعة.

5- استخدام وسائل وآلات تساهم في توفير الوقت.

📖 كيف تتخطى شرك (مصيدة) الوقت؟

مضيعات الوقت في الحياة والعمل

في حياة الإنسان مضيعات للوقت Time Wasters كثيرة سواء في حياته الشخصية أو في العمل. ويقول جون كوتر في هذا الشأن أن السواد الأعظم من الناس لا يسيطرون على حياتهم، بل يرضون بها.

ومن مضيعات الوقت، نذكر:

1- عدد ساعات النوم أكثر من 8 ساعات.

2- المكالمات الهاتفية غير المهمة.

3- الثرثرة والأحاديث غير المفيدة.

4- الزائرون دون موعد سابق.

5- ألعاب الفيديو الإلكترونية.

6- مشاهدة التليفزيون وأفلام الفيديو بشكل أكثر من المطلوب لقتل الوقت.

7- الاكتفاء بالمنى. لقد نهانا سيدنا علي بن أبي طالب رضي الله عنه عن هذا، عندما قال: «إياك والاتكال على المنى فإنها بضائع الحمقى».

8- الإهمال.

9- التسويف أو التأجيل، والمثل العربي (لا تؤجل عمل اليوم إلى الغد) والمثل الإنجليزي يقول «التأجيل لص الزمان».

لقد قيل أن «سوف» جند من جنوب إبليس. وما أروع ذلك الرجل الذي قيل له أوصنا، قال: أحذروا التسويف، لأن يوم العاجزين غد.

ويقول جون سي. ماكس ويل في كتابه «لليوم أهمية» في هذا الشأن: لقد عرف أحدهم العمل الشاق بوصفه تراكماً للأعمال السهلة التي لم ينجزها المرء في الوقت المناسب.

10- الفوضى في المنزل والشارع والعمل، فالذهن المنظم لا يتجانس مع فوضوية المكان.

11- الشعور بالتعب والإرهاق والسرحان.

12- عدم القدرة على قول «لا» للذين يطلبون جزءً من وقتك، ويمكن أن تستخدم هذا الوقت في إنجاز أنشطة مهمة.

وفي دراسة مشهورة أعدها الجهاز المركزي للتنظيم والإدارة في مصر عن فاقد الوقت لدى العاملين في الجهاز الحكومي والتي توصلت إلى نتيجة غير متوقعة، وهي أن متوسط وقت العمل المنتج للموظف في الجهاز الحكومي هي 27 دقيقة فقط!! أي أقل من نصف ساعة يومياً.

ومن مضيعات الوقت في العمل نذكر:

1- المكالمات التليفونية الشخصية.

2- الزائرون بدون موعد سابق.

3- الاجتماعات غير المخططة.

4- حدوث أزمات وعدم وجود خطط جاهزة للتعامل معها.

5- عدم وضوح الأهداف والأولويات والتواريخ المحددة لإنجاز الأعمال.

6- الفوضى في تنظيم المكاتب، وتراكم الأوراق عليها بدون نظام.

7- الاستغراق في الأعمال الروتينية والتفاصيل التي يتعين على الآخرين القيام بها.

8- الفشل في تحديد السلطة أو المسؤولية على نحو واضح.

9- عدم كفاية أو دقة وتأخير المعلومات المتحصل عليها من الآخرين.

10- التردد في اتخاذ القرارات أو تأجيلها.

11- عدم وضوح التعليمات أو الأوامر.

12- عدم وضوح الاتصال وقلة قنوات الاتصال المفتوحة.

13- عدم القدرة على قول «لا» للذين يطلبون جزءً من وقتك الذي بإمكانك استغلاله في إنجاز أنشطة مهمة.

14- الشعور بالتعب والإرهاق والتعرض لضغط العمل.

15- السفر الكثير.

16- تلبية الدعوات والعزائم.

ولقد لخص دراكر Peter Druker أهم العوامل التي تؤدي إلى ضياع وقت المدير على النحو التالي:

1- سوء الإدارة وعدم كفاية التنظيم.

2- تضخم عدد العاملين.

3- زيادة عدد الاجتماعات عن الحد المعقول.

4- عدم كفاية المعلومات وأنظمة الاتصال.

ويضيف جي توماس ميللر وسائل وأسباباً أخرى تسهم في إضاعة الوقت هي:

1- الأهداف غير الواضحة.

2- المعلومات الضعيفة.

3- الحاجة إلى المعلومات.

4- الحاجة إلى المعلومات المرتدة (التغذية العكسية).

5- الحاجة إلى الأولويات.

6- انخفاض الروح المعنوية.

كذلك يشير روني ايسينبيرج Roni Eseinberg وكات كيلي Kate Kelly إلى مضيعات أخرى للوقت في العمل كالتالي:

1- المقاطعات (أثناء إنجاز العمل).

2- القيام بكل الأعمال وعدم التفويض.

3- عدم ترتيب الأعمال المطلوب القيام بها حسب درجة اهميتها، والزمن المتاح لها، ودرجة العجالة عليها.

4- ضياع الأشياء والبحث عنها.

ويرى كل من جي توماس ميللر J. Thomad Miller (1981) وماكنزي Makenzie في كتابه عن مصيدة الوقت Time Traps أن هناك من مضيعات الوقت في بيئة العمل، وهي كل الأشياء التي تمنعك من تحقيق أهدافك بشكل فعّال.

ويمكن تحديد مضيعات الوقت في سبع وظائف إدارية رئيسية وهي:

1- التخطيط.

2- التنظيم.

3- التوظيف.

4- التوجيه.

5- الرقابة.

6- الاتصالات.

7- صنع القرارات.

وسوف نستعرض أهمها حسب الوظائف الخاصة بها.

1- **في التخطيط:**

● عدم وجود أهداف/ أولويات.

● الإدارة بالأزمات، تغاير الأولويات.

● محاولة القيام بأمور كثيرة في وقت واحد/ تقديرات غير واقعية للوقت.

● انتظار المواعيد.

● السفر، العجلة.

2- **في التنظيم:**

● عدم التنظيم الشخصي.. طاولة المكتب المزدحمة.

● خلط المسئولية والسلطة.

● ازدواجية الجهد.

● تعدد الرؤساء.

- الأعمال الورقية.
- التنظيم السيئ للملفات.
- المعدات غير الملائمة.

3- في التوظيف:

- عاملون غير مدربين/ أو غير أكفاء.
- الزيادة أو النقر في عدد العاملين.
- التأخر أو التغيب عن العمل/ أو كثرة الاستقالات.
- العاملون الاتكاليون.

4- في التوجيه:

- التفويض غير الفعّال/ الاشتراك في تفاصيل روتينية.
- نقص الدافع أو ضعفه/ أو اللامبالاة.
- نقص التنسيق في العمل.

5- في الرقابة:

- المقاطعات التليفونية.
- الزيارات المفاجأة.
- عدم القدرة على قول لا.
- معلومات غير كاملة/ أو معلومات متأخرة.
- نقص الانضباط الذاتي.
- ترك المهام دون إنجاز.
- فقدان المعايير/ أو الرقابة/ أو تقارير المتابعة.
- الرقابة الزائدة.
- عدم العلم بما يجرى حولك.
- عدم وجود الأشخاص الذين تريدهم حولك.

6- **في الاتصالات:**

- الاجتماعات غير المخططة وغير المنظمة/ كثرة الاجتماعات واللجان.
- عدم وضوح أو فقدان الاتصالات والإرشادات/ ضعف الانصات للآخرين.
- كثرة المذكرات الداخلية/ أو الاتصالات الزائدة.

7- **في صنع القرارات:**

- التأجيل/ أو التردد.
- طلب الحصول على كل المعلومات.
- قرارات سريعة.

يشير جي توماس ميللر J. Thomas Miller (1981) أن أهم مضيعات الوقت لكبار القادة والمديرين هي:

1- الأهداف غير الواضحة.

2- المعلومات الضعيفة.

3- التردد والتأجيل والتسويف.

4- استخدام الهاتف بأسلوب خاطئ.

5- عدم تخطيط الوقت.

6- الزوار لأغراض شخصية.

7- الإدارة بالأزمات.

8- الاجتماعات غير المجدولة.

9- الاجتماعات غير الضرورية

10- عدم تواجد الأشخاص.

11- كثرة البريد غير الضروري.

12- التعب.

13- الحاجة إلى الإجراءات الروتينية.

14- الأحاديث الاجتماعية.

15- الحاجة إلى أدوات إدارية.

16- الاتصالات غير المجدية.

17- التحدث بكثرة.

18- المحاولات الكثيرة في وقت واحد.

19- نطاق الإشراف أو نطاق التمكين الكبير.

20- عدم القدرة على قول لا.

21- انخفاض الروح المعنوية.

22- الأخطاء.

Time Traps & Wasters

Ronni Eisenberg and Kate Kelly identified many time traps as following:

1- Interruptions.

2- The Two P's: Procrastination and Perfectionism.

3- The Two T's : Telephone and Television.

4- Losing Things.

5- Neatness Counts at Home.

6- Neatness Counts at the Office.

7- Procrastination is the thief of time.

8- Telephone Callas.

9- T.V.

10- Unorganized meetings.

11- Unorganized committees (to kill time, a committee meetings is the perfect weapon).

12- Unexpected visits.

13- Inability to say No.

You can't say «yes» to everything without getting over your head. Decide what you must do-and want to do-and say no to all other requests. Perhaps because of the value we place on relationships, many of us assume that our only options are «yes» or «maybe» . Learn to protect your time. « No» is a complete sentence-no explanations required! If someone else can handle the request as well or better than you, delegate.

أساليب التغلب على مضيعات الوقت

هناك أساليب عديدة للتغلب على مضيعات الوقت، أشهرها كالتالي:

1- أدلة التخطيط وجداول زمنية يومية.

2- السيطرة على الأشياء والأحداث العارضة.

3- إدارة الأزمات.

4- الإدارة الكفؤة للأعمال الكتابية.

5- السيطرة على الفوضى.

6- القيام بالمكالمات الهاتفية بالشكل السليم.

7- السرعة في القراءة.

8- التفويض الفعّال.

9- زيادة فاعلية الاجتماعات.

10- استخدام وسائل وآلات تساهم في توفير الوقت.

وسوف نعرض لبعض هذه الأساليب سواء في الفصل الحالي أو في الفصل التالي.

1- الإدارة الكفؤة للأعمال الكتابية:

يشرح محمد محمد إبراهيم هذه النقطة بقوله: بأن هذا الأسلوب لإدارة وقتك بفعالية يمكن النظر إليه على أنه أسلوب شخصي جداً، فبعض المديرين يستطيعون ممارسة وظائفهم بفاعلية بالرغم من الفوضى التي قد تلمسها في مكاتبهم، فكل منا يعرف واحداً أو أكثر والذي إذا ذهبت إلى مكتبه لرأيته غير منظم أو مرتب، وكل شيء على مكتبه «ملخبط» ولكن في نفس الوقت فإنه يعرف تماماً مكان كل ورقة أو ملف، شيء عجيب. وعلى الصعيد الآخر، فهناك الكثير من المديرين الذين يمكن أن نصفهم بأنهم منظمين جداً والذين يستخدمون جزءً كبيراًمن وقتهم في ترتيب مكاتبهم وتنظيم الملفات، والخطابات، والمذكرات.

وبالطبع فإن اهتمامك بتنظيم وقتك يستدعى منك أن تدخر ما قد تستخدم من هذا الوقت بدون فائدة مثل البحث عن قطعة ورق هامة في مكتبك دقائق طويلة ثم أحياناً لا تتمكن من العثور عليها، أو تضييع الكثير من وقتك من استخراج ملف معين. ولكن حاول أن تراعى ما يلي:

- عود نفسك على أن تحافظ على مكتبك مرتب وحدد مكان مخصص لكل شيء أوراق رسائل، ملفات أدوات كتابية، التليفون... الخ.
- عود نفسك على الرد السريع على الرسائل ولا تدعها تتراكم أمامك.
- تخلص «مزق» أكبر قدر ممكن من الرسائل أو الأوراق غير الضرورية واستعمل سلة المهملات أسفل أو بجوار مكتبك.
- احرص على تحريك الخطابات أو المذكرات بسرعة من مكتبك لجهات الاختصاص.
- ضع نظاماً معيناً لترتيب وتنظيم مكتبك والذي يتلاءم مع احتياجاتك الفعلية ثم احرص عليه.
- تخلص من المقاعد الزائدة.

● تخلص من المقاعد المريحة جداً، وهذا يجعل الزوار لا يشعرون بالراحة.

● عندما يقوم شخص بزيارتك في مكتبك، قف وتحرك نحوه، وابدأ الحديث معه، ولا تجلس، فهذا يجعل الشخص يختم الزيارة بسرعة.

● كن أنت الزائر وليس المضيف، إذ طلب زميل لك التحدث معك، قم بزيارته في مكتبه وليس مكتبك.

● درب السكرتارية على تصنيف البريد القادم إلى مجموعات مختلفة، فمثلاً يقترح أن تكون هناك ثلاث مجموعات من البريد:

أ - خطابات ومذكرات التي تتميز بقيمة عالية ومستعجلة، والتي يجب أن تعطيها الأولوية والوقت الأكبر.

ب - مذكرات وتقارير لمجرد العلم، وهي ليست عاجلة ولكن لابد أن تطلع عليها، فهي لا تحتاج إلى تركيز مثل المجموعة الأولى ولا تحتاج وقتاً يساوي وقت المجموعة الأولى. ويمكن الإطلاع عليه مرة واحدة في وقت متأخر بالليل أمام التليفزيون مثلاً.

ج - البريد الروتيني العادي أو العارض Junk mail والذي يمكنك تخطيه وتتركه إلى السكرتارية للتعامل معه إذا لزم الأمر.

2- السيطرة على الفوضى:

في كتابه عن «إدارة الوقت» اقترح مارشال كوك عدد من النصائح التي يمكن ان تفيدك في عملية السيطرة على الفوضى، هي كالتالي:

أ - احتفظ فقط بما تحتاج إليه وتخلص من البقية وأقض على الفوضى من خلال القيام بتخصيص خمس دقائق من وقتك كل ساعة للسيطرة على الفوضى ثم قم بتخفيض عدد الأوراق، ثم باستبعاد الأشياء التي تتسبب في تشتيت أفكارك بما في ذلك الأشياء التي تتبع من داخل ذهنك.

ب- استخدم أسلوب الاستكشاف والسؤال والإطلاع والتنظيم والحفر في الذهن من أجـل أن تتذكر كل ما تقوم بقراءته.

ج- حاول أن تضع يديك على الفائدة التي سوف تعود عليك من جراء القيام بأحد المهام.

د- تناول طعامك وأحصل على قدر من النوم، ومارس التمارين الرياضية في توقيتات ثابتة كل يوم، وقد يبدو هذا مملاً ولكنه بكل تأكيد صحي.

هـ- قم بالأعمال الصعبة وأنت في أفضل أوقات اليقظة والانتباه. إذا كانت الأعمال تستحق القيام بها فقم بعمل واحد في كل مرة. ولكن إذا لم تكن تلك الأعمال تستحق حقاً القيـام بها فتخلص منها على الفور.

3- القيام بالمكالمات الهاتفية بالشكل السليم:

(أ) تلقي المكالمات الهاتفية:

إن تلقي المكالمات الهاتفية يختلف تماماً عن القيام بها حيث إن المكالمات التي تأتي لـك تفاجئك وتقاطعك عندما لا تكون مستعداً. حاول أن تطور تقنياتـك لـكي تقلـل مـن الوقت المهدر وتمكنك من التعامل مع طالبك.

أفعل ولا تفعل:

● كن مؤدباً.

● حاول أن تكون ذا عقل متفتح، فقد تقدم لك المكالمات غير المهمة معلومات مفيدة.

● اختر شخصاً ما قد يهتم بالمنتج أو العرض المقدم.

● استخدم الهاتف الذي يظهر رقم الطالب إذا لم تكن تريد الرد؛ فلا ترد عليه.

● لا تطلب من أصحاب المكالمات الباردة أن يعاودوا الاتصال بك.

● لا تقل أنك سوف تعاود الاتصال إذا لم تكن تنوي ذلك.

● لا تطلب من المتصل تفصيلات إذا لم تكن مهتماً.

● لا تجب بجمل طويلة غير واضحة، بل حاول أن تصل للمطلوب.

(ب) القيام بالمكالمات الهاتفية:

عمل لا يعتمد على الهواتف والبريد الصوتي للحصول على اتصالات سريعة ومباشرة. إن استخدامها الفعّال والمناسب يمكن أن يحسن كثيراً من الكفاءة والأداء.

أفعل ولا تفعل:

● قدم نفسك ثم حدد موضوع الاتصال.

● كن على وعي بوقت كل مكالمة تقوم بها.

● كن واضحاً في كل الموضوعات التي ستناقشها.

● اترك رسالات على جهاز الرد الآلي أثناء غيابك.

● لا تتوقع أن يتم التعرف عليك من صوتك.

● لا تؤجل المكالمات الصعبة والعاجلة لتقوم بالأسهل والأقل أهمية.

● لا تستكمل المكالمة إذا كان الخط غير جيد.

● لا تجر مكالمات مهمة واضحة على جهاز الرد الآلي إلا إذا كنت مستعداً تماماً.

4- القراءة السريعة:

عدد كبير من الأشخاص يقضون وقتاً كبيراً من حياتهم وهم يقرأون ويكتبون معلومات، تعلم أن تتعامل مع هذه العمليات بشكل جيد، وسوف يوفر لك هذا وقتاً كبيراً.

تمثل القراءة البطيئة لبعض الأفراد مشكلة كبيرة وتستهلك وقتاً أطول مما يجب أن يخصص لها، وخاصة إذا ما كانت القراءة تتعلق بعدد كبير من المراسلات والتقارير والمذكرات.

ومن الطرق الممكن اللجوء إليها هنا لتخفيض الوقت المستخدم وبالتالي تنظيم وإدارة الوقت بطريقة فعّالة ما يلي:

● التمييز بين الأنواع المختلفة المطلوب قراءتها (حسب درجة أهميتها بالطبع). وبالتالي تختلف الطريقة التي يجب أن تقرأ بها كل نوع، فقراءة الصحيفة اليومية يجب أن يختلف عن تقرير عن الكفاءة الإنتاجية في الشركة، أو من مذكرة يطلب شراء معدات جديدة.

● من الطرق الأخرى المفضل إتباعها هو أن تدرب نفسك وتتعود على القراءة السريعة.

ومن مبادئ القراءة السريعة، نذكر:

● اقرأ أية مقدمة.

● اقرأ أية خاتمة.

● اقرأ الملخص/ تلخيص المادة.

● حاول أن تحدد قائمة بكل ما تحويه إذا كنت ستقرأ تقريراً مطولاً، أبدأ بالانتقال من أوله لآخره.

● اقرأ العناوين الرئيسية والفرعية.

● ضع ملاحظات للعناوين الخاصة بكل جزء.

● تصفح الأجزاء الأقل أهمية بسرعة.

● اقرأ بعمق الأجزاء الأكثر أهمية.

5- استخدام وسائل وآلات تساهم في توفير الوقت

هناك مجموعة من الوسائل والآلات التي يمكن استخدامها والاستفادة منها تساهم في توفير الوقت وتقليل الوقت الضائع سواء في الحياة أو في العمل. يمكن الإشارة إلى بعض هذه الوسائل والآلات كالتالي:

1- الأجندة السنوية Diary.

2- جهاز منظم شخصي إلكتروني Organizer.

3- حاسب آلي محمول Laptop.

4- المنبه والساعة ذات المنبه.

5- آلة حاسبة كبيرة وواضحة وسهلة الاستخدام.

6- اللوحة الحائطية الملونة والمغناطيسية.

7- ماكينة تصوير سهل استخدامها.

8- فاكس سهل استخدامه.

9- هاتف مناسب متقدم يحتوي على التسهيلات التالية: تحويل المكالمة، وإعادة طلب المكالمة، ومكبر صوت، وجمع خطين معاً، والشاشة الواضحة التي تظهر اسم الطالب والأرقام بشكل سهل رؤيته.

كيف تتخطى شرك (مصيدة) الوقت؟

في برنامج تدريبي عن «إدارة الوقت» قدمته شركة ميج (المجموعة الاستشارية للشرق الأوسط) تم رصد قائمة بالأشياء التي تضيع الوقت والتي أمكن جمعها في خلال ثمانية أعوام متصلة من سؤال المديرين في كثير من البلدان عن إدارة الوقت. ولمساعدة القارئ في تحليل ما ضيع الوقت الخاص به، فقد أرفقنا بعض أسباب محتملة وحلول خاصة بكل منها لمساعدتك أكثر على التشخيص، وهذه الأسباب والحلول تميل إلى أن تكون شخصية تماماً إلا أن مضيعات الوقت تكاد تكون واحدة في هذا العالم.

مضيعات الوقت	الأسباب المحتملة	الحلول
نقص التخطيط	العجز عن تقدير الفوائد	تذكر أن التخطيط يأخذ وقتاً ولكنه يدخر لك الوقت في النهاية.
	الاهتمام بالأعمال (بالإجراءات)	أكد على النتائج وليس الأعمال (الإجراءات).
	النجاح بدونه	تذكر أن النجاح يكون دائماً بأسلوب «رغماً عن» وليس «بسبب كذا».
نقص الأولويات	عدم وجود أهداف	أكتب الأهداف وناقش الأولويات مع مروؤسيك.
زيادة الالتزامات	الاهتمامات الكبيرة	قل «لا».
	التشتت في الأولويات	ضع الأشياء الأولى أولاً.
	الفشل في وضع الأولويات	نم فلسفتك الشخصية عن الوقت. اربط الأولويات بجدول الأهداف
الإدارة بالأزمات (التصدي للمشكلات بعد حدوثها)	نقص التخطيط	طبق نفس حلول النقص في التخطيط.
	التقديرات الغير واقعية للوقت	خصص وقتاً أكبر، خصص وقتك للعقبات التي يمكن أن تواجهك.
	الاهتمام بالمشكلات	اهتم بالفرص
	عدم رغبة المرؤسية في إبلاغ الأخبار السيئة والأخطاء للرؤساء.	شجع الانتقال السريع للمعلومات لضرورة الحلول السريعة.
الزائرون	الاستمتاع بالأنشطة الاجتماعية	افعل ذلك في مكان آخر، التق بزوارك بعيداً عن العمل، اقترح وجبات خفيفة عند الضرورة
	عدم القدرة على قول لا	تخلص مما يعطلك، قل لا، لا تكن سهلاً، عدل سياسة الباب المفتوح

مضيعات الوقت وأساليب التغلب عليها

مضيعات الوقت	الأسباب المحتملة	الحلول
المكالمات التليفونية	نقص التنظيم الذاتي	تخلص ممن يعطلك والجأ إلى المكالمات الجماعية، كن مختصراً.
	الرغبة في معرفة كل شيء	كن بعيداً عن كل الأشياء غير الضرورية. استخدام أسلوب الإدارة بالاستثناء.
الاجتماعات	الخوف من مسئولية اتخاذ القرارات.	اتخذ قراراتك دون اجتماعات
	التردد في اتخاذ القرارات	اتخاذ القرارات حتى ولو كانت بعض الأمور غير واضحة.
	الاتصالات الكثيرة	لا تشجع الاجتماعات الغير ضرورية واكتف بالاجتماعات المهمة فقط.
	القيادة الضعيفة (المهزوزة)	استخدم جداول الأعمال، تمسك بالموضوع، جهز الأشياء الصغيرة الدقيقة في أقل وقت ممكن.
التردد في اتخاذ القرارات	فقد الثقة في الحقائق	حسن أسلوب الحصول على الحقائق
	الإصرار على الحقائق - عجز التحليل	تقبل المجازفة، اتخاذ قرارك بدون الحصول على كل الحقائق
	عدم وجود عملية ترشيد لاتخاذ القرارات	أحصل على الحقائق، ضع الأهداف، فتش عن البدائل والنتائج السلبية ثم اتخذ القرار ونفذه.
نقص التفويض	الخوف من عدم كفاءة المرؤوسين	درب، اسمح بالأخطاء، استبدل المرؤوس إذا دعت الحاجة إلى ذلك.
	خوف الرئيس من منافسة المرؤوسين	فوض تفويضاً كاملاً، أعط الأمان أكد النمو المشترك لمواجهة التحدي.

مضيعات الوقت	الأسباب المحتملة	الحلول
	تحميل المرؤوسين بمهام كثيرة	أجر توازن للعمل، كلف مرؤوسين آخرين ببعض المهام، أعد تنظيم الأولويات
التسرع	التعجل في معرفة التفاصيل	خذ الوقت الكافي للتوصل إلى كل شيء، وفر بعض الوقت لتكرار ذلك مرة ثانية.
	الاستجابة للمهام العاجلة	أفصل الأعمال الهامة عن الأعمال العاجلة
	عدم وجود تخطيط مسبق	خذ الوقت الكافي للتخطيط
	محاولة عمل الكثير في وقت قليل	حاول أقل، فوض أكثر
الإجراءات الورقية	كثرة المعلومات	انتق ما تقرأه، تعلم القراءة السريعة.
	استخدام الحاسب الآلي	لا تستخدم الحاسب الآلي في كل شيء، أجعله استثناء وليس قاعدة
	الفشل في وضع الأولويات	تذكر مبدأ «بارتيو» فوض القراءة إلى مرؤوسيك.
الأعمال الروتينية والتافهة	نقص الأولويات	ضع وركز على الأهداف. فوض الأعمال الغير ضرورية.
	المراقبة الراشدة للمرؤوسين	فوض ثم أجعل الموظفين يرأسون أنفسهم، أنظر إلى النتائج وليس التفاصيل أو الأساليب.
	رفض التفويض،الشعور بأمن أكثر في التعامل مع تفاصيل التشغيل	أعلم بأنه بدون تفويض يستحيل عمل أي شيء بواسطة الآخرين.

الفصل الرابع

ـــــــــــــــــ

مفهوم إدارة الوقت

ـــ

أشتمل هذا الفصل على:

📖 مفهوم إدارة الوقت.

📖 فوائد تنظيم الوقت والاستفادة منه.

📖 علاقة الوقت بعمل المدير.

مفهوم إدارة الوقت

الإدارة Management هي علم وفن ومهنة تهدف إلى تحقيق التعاون والتنسيق بين الموارد البشرية والمالية والمادية بما يحقق الأهداف المطلوبة بصورة رشيدة (أي بأقل وقت وجهد وتكاليف).

ومهنة الإدارة تحرص على الإدارة الجيدة للموارد، مثل: الموارد البشرية والمالية والمادية والوقت أيضاً.

وإدارة الوقت سواء في العمل أو خارجه تعتبر من المفاهيم المتكاملة، الشاملة لأي زمان أو مكان أو إنسان لأن إدارة الوقت لا تقتصر على شاغلي وظائف معينة بذاتها ولا يقتصر تطبيقها على مكان بذاته، وعلى الرغم من ارتباط مفهوم إدارة الوقت بالعمل الإداري، إلا أن هذا المفهوم يمتد ليشمل إدارة وقت الفرد داخل عمله وخارجه أيضاً، وقد ارتبطت كلمة الإدارة بالوقت من خلال وجود عملية مستمرة من التخطيط والتحليل والتقويم المستمر لكل النشاطات التي يقوم بها الفرد في فترة زمنية معينة بهدف تحقيق فعالية مرتفعة في استغلال هذا الوقت المتاح وصولاً إلى الأهداف المنشودة.

ومن تعريفات إدارة الوقت نذكر:

1- يقصد بمصطلح إدارة الوقت في العمل الإداري تلك العملية المستمرة من التخطيط والتحليل والتقويم المستمر لكل النشاطات التي يقوم بها الفرد أثناء ساعات العمل في المنطقة التي يعمل بها في فترة زمنية معنية، بهدف تحقيق كفاءة وفعالية مرتفعة في الاستفادة من الوقت المتاح وصولاً إلى الأهداف المنشودة.

2- إدارة الوقت هي قدرة الشخص على استخدام الوقت لإنجاز المهام في التوقيت المحدد لها.

3- إدارة الوقت هي قدرة الشخص على استخدام الوقت لإنجاز المهام في التوقيت

المحدد. كما يعرّف فريق آخر إدارة الوقت بأنها العملية المستمرة لتحليل وتقييم المهام التي يقوم بها الفرد خلال فترة زمنية معينة، بهدف تعظيم الوقت المتاح للوصول إلى الأهداف المحددة.

4- إدارة الوقت هي الطرق والوسائل التي تعين الإنسان على الاستفادة القصوى من وقته في تحقيق أهدافه، وتوفير التوازن في حياته ما بين الأهداف والرغبات والواجبات.

هذا وترجع جذور إدارة الوقت - بشكل عام- إلى جهود فريدريك تايلور في محاولاته لتحقيق زيادة الإنتاج المعروفة بدراسة الحركة والزمن T & M Study؛ إلا أن هذه الدراسة لم تعبر عن المفهوم الحديث لإدارة الوقت، حيث كانت محاولات تايلور وأتباعه تركز على زيادة الإنتاج والأرباح، بالتركيز على زيادة الفعالية للإدارة التنفيذية في النواحي الفنية، في حين أن المفاهيم الحديثة تركز على الفعالية الكلية للمنظمة وبشكل عام.

وقد بدأ التركيز على موضوع إدارة الوقت بالمفهوم الشامل المتعارف عليه حالياً، وكان من أهم العبارات التي أوردها في كتابة إدارة الوقت:

إذا كنت تشعر بنقص في الوقت أثناء عملك فهذا مؤشرا على أن مهارتك الإدارية تتجه نحو العدم

وفي بداية الأمر كانت إدارة الوقت التقليدية تؤكد على كيفية أداء المزيد من المهام في فترة محدودة من الوقت عن طريق تعدد المهام وأداء الكثير بالقليل، أما الآن فقد أصبح التركيز على كيفية أداء الأشياء المناسبة بطريقة أفضل، فعن طريق تنظيم جهودك ستجد أنك بالفعل تجد الوقت الذي تحتاج إليه.

فوائد تنظيم الوقت والاستفادة منه:

إن عدم تنظيم وقت العمل قد يؤدي إلى تراكم الأعمال، والانشغال بـأمور تافهـة علـى حساب أمور أكثر أهمية، وتأخر بعض الأعمال مما قد يزيد من مقدار الضـغوط Stress الواقعـة على الفرد.

وفي برنامج تـدريبي عـن «إدارة الوقـت» نظمتـه شركـة كفـاءات للتدريـب والتوظيـف والاستشارات في عام 2004 تم حصر فوائد تنظيم الوقت والاستفادة منه كالتالي:

أولاً: إرضاء اللـه

فالإنسان مسؤول عن عمره فيما أبلاه، ولنسأل أنفسنا لماذا خلقنا اللـه في هـذه الحيـاة القصيرة؟ لقد خلقنا لعبادته حتى نهذب النفس فتصبح أهل للحيـاة الأخرى والعمـل الجـاد لتحقيق أهداف خير عباده، فيجب أن نسعى بكل ما أوتينا من قوة ووقـت لتحقيق أهدافنا الخيرة ونستثمر ما أوتينا من قوة وطاقة من أجل العمل وإعمار الأرض.

ثانياً: تحقيق الأهداف والإنجازات

بعض الناس يضيع منه الوقت دون أن يحقق شـيئاً يـذكر، وبعضهم تتـوالى إنجازاتـه وأعماله واحداً إثر الآخر والذي استطاع تحقيق ما يريد مـن أهداف وطموحات تمكـن مـن ذلك إثر استغلاله لوقته وإدارته له بشكل جيد.

ثالثاً: الراحة النفسية والشعور بالرضى عن النفس

يصاحب ضياع الوقت شعور بالندم أو بالذنب وإن الإنسان يخسر أيامه دون تحقيق ما يساعده في جعل حياته مريحة أكثر، إما من يستخدم الوقت استخداماً مخططاً ويحقق مـا يريد فإنه يشعر بالرضى عن الذات والراحة النفسية ومثل هذا الشعور لا يستطيع الإنسان شراءه بملايين الجنيهات، وإنه السعادة في قمة أوجها.

رابعاً: التوفيق بين واجبات العمل والعائلة والحاجات الشخصية

عندما ينظم الإنسان وقته ويحسن إدارته يتمكن مـن القيـام بواجباتـه المختلفـة وكذلك حاجاته الشخصية من اجتماعية ترفيهية وغيرها.

خامساً: الاستفادة الأمثل للجهد

يساعد تنظيم الوقت الإنسان في تحقيق الاستفادة القصوى من جهوده ويمنع تبديدها وضياعها، فعند تنظيم الوقت يستطيع الإنسان أن يجعل جهوده تعود عليه بأكبر الفوائد للحصول على درجات علمية عالية أو النجاح في العمل أو تحقيق ثروة أو غيره من أداء الكثير من الأعمال.

سادساً: تجنب الإرباك والازدواجية

يساعد تنظيم الوقت على تفادي الإرتباك والمحافظة على التوازن النفسي للإنسان وصفاء الفكر ومنع عمل الأشياء بشكل مزدوج وإضاعة الجهد والطاقات.

سابعاً: إرضاء الرؤساء في العمل

عندما يكون الموظف حريصاً على تنظيم الوقت ويديره بشكل فعّال فإنه لم يؤجل عملاً هاماً، ولن ينسى واجباً كلف به من قبل رؤسائه وسوف يتفادى التقصير في عمله مما يوجد شعور بالرضى لديهم عنه.

ثامناً: انجاز الأعمال في وقتها

يتيح تنظيم الوقت للإنسان أن يؤدي أعماله أولاً بأول فلا تتراكم وتصبح صعبه الأداء أو مستحيلة في بعض الأحيان خاصة عندما يداهمه الوقت.

تاسعاً: التركيز في أداء العمل (صفاء الذهن)

يؤدي التنظيم الفعّال إلى معرفة الشخص لما هو مطلوب منه القيام به في كل لحظة من لحظات يومه ولهذا يصبح غير مشوش الذهن عند أدائه لواجباته المختلفة بل يصبح شديد التركيز صافي الذهن مما يجعل أدائه يتسم بالفعالية.

عاشراً: الاستفادة من الوقت الموفر لأداء عمل آخر

يمكن الإنسان تنظيم الوقت من زيادة عدد الأعمال التي يمكنه القيام بها، فتنظيم

الوقت يؤدي إلى الاستفادة من الوقت الضائع قبل التنظيم، فكثيراً من اللحظات التي يقضيها الإنسان في حديث مع الآخرين أو أمام شاشة التليفزيون تصبح وقتاً إضافياً يمكن استغلاله في أداء أعمال أخرى.

حادي عشر: انجاز أعمال أكثر في وقت أقل

يساعد تنظيم الوقت الإنسان القيام بأعمال كانت في المعتاد تستغرق زمناً طويلاً في وقت قصير، فمثلاً عمل خطة تدريبية لموظفي الإدارة أو القسم قد يستغرق مثلاً أسبوع، وفي حالة تنظيم الوقت يمكن أن يستغرق يومين أو ثلاثة.

ثاني عشر: زيادة الإنتاجية

يؤدي تنظيم الوقت وإدارته بشكل فعّال إلى تحقيق معدلات إنتاجية عالية لدى الفرد ولدى موظفيه إذا كان مديراً، فتنظيم الوقت يعني القضاء على ضياع الوقت وتوظيفه في أعمال تشكل زيادة إنتاجية.

ثالث عشر: زيادة الدخل

من يستطيع توظيف وقته بشكل فعّال يمكن أن ينمي لديه بعض الهوايات أو المهارات المربحة التي يمكن أن تساعده في إيجاد مصدر آخر للدخل، فيمكن لو أجاد إعداد برامج الحاسب أن يقوم بعمل برامج وبيعها بالآلاف الجنيهات، كذلك يمكن ان يمارس الكتابة فيصبح كاتباً بإحدى الصحف.

رابع عشر: إتاحة الوقت للعلاقات الاجتماعية

يؤدي تطبيق قواعد إدارة الوقت إلى أن يقوم الإنسان بجدولة الزيارات التي يمكن أن يقوم بها لأقاربه، وأصدقائه ومعارفه ومع إدارة الوقت يجد الإنسان للعلاقات اختلاف أنواعها.

خامس عشر: كسب احترام الآخرين

يختلف المنظم في وقته وعمله عن الإنسان الفوضوي، فالإنسان المنظم يعجب به الناس ويحترموه ولأنه يحتفظ بجدول لمواعيده ويحافظ عليها، فالناس يشعرون بأنه صادق في مواعيده لا يخلف موعداً أعطى لهم، ولأن الكثير من الناس في الدول النامية لا يحافظوا على المواعيد فإن من يحافظ عليها يكون محط احترام الآخرين.

سادس عشر: إرضاء الرؤساء

يساعد تنظيم الوقت في بناء علاقة جيدة مع الرؤساء؛ فالموظف يؤدي الأعمال التي يطلبوها منه رؤسائه في حينها فلا يؤجل عملاً، ولا ينسى آخر ولذلك فإن صورته لدى رؤسائه تبقى مقرونة في أذهانهم بالإعجاب وإنه شخص يعتمد عليه.

سابع عشر: إرضاء العملاء

يبدو الشخص الذي يحرص على إدارة وقته أمام العملاء شخصيا صادقاً سريع الاستجابة لهم لا يعدهم وينسى وعودهم به أو يغفله فهو دائماً يؤدي ما يطلب منه وفق مواعيد محددة يراعى فيها الوقت المتاح له فهو يجدول العمل وفقاً لأولويات تضع في اعتبارها العميل ومدى أهميته للمنشأة.

ثامن عشر: تدعيم الثقة بالنفس

يشعر الإنسان المنظم في وقته وعمله بالثقة في النفس فهو يعلم ما هو مطلوب منه من أدائه من أعمال وهو يجدولها ويعلم متى سيؤديها فلا تفاجئه الأزمات والمشكلات وتأخذه على حين غرة، لذا يظهر للآخرين وهو واثق من نفسه وقدرته.

تاسع عشر: الجمع بين أداء العمل والراحة (تحقيق التوازن)

يتمكن الإنسان المنظم في وقته من التمتع بقسط من الراحة فهو لا يأخذ معه عملاً إلى المنزل ولا يعمل أثناء العطل والإجازات لأنه ينهي أعماله في وقت الدوام المحدد له.

عشرون: تفادي الشعور بالذنب لإضاعة الوقت

حينما يوظف الإنسان وقته بشكل جيد وفقاً لطرق إدارة الوقت ويستفيد من لحظات حياته فإنه لا تشعر بأنه أضاع العمر دون تحقيق ما يريد تحقيقه من أهداف ومعروف ما للشعور من أثر ضار على الشخصية الإنسانية وحتى الصحة الجسمية للإنسان.

واحد وعشرون: معرفة الأولويات ووضوح الرؤية

يتمتع الفرد الذي يدير وقته بفعالية من معرفة ما يريد تحقيقه في الحياة، فأهدافه واضحة أمام عينه وهو يعلم ما يسعى من أجله في الحياة وتحديد الأهداف البعيدة والقريبة الأجل هو خطوة أساسية في إدارة الوقت وهي تساعد في تنظيم الفكر وتحديد الأولويات.

ثاني وعشرون: تنظيم النفس والحياة

يؤدي تنظيم الوقت إلى تنظيم النفس والحياة والتنظيم في حد ذاته يجعل الحياة أجمل وأسهل، ويجعل التعامل مع الأشياء يتم وفق قواعد محددة عكس إضاعة الوقت وتبديده يؤدي إلى إرباك الحياة وارتكاب الأخطاء التي تكون لها آثار مستقبلية على الإنسان.

ثالث وعشرون: الشعور بالمسؤولية

يقوي تنظيم الوقت وإدارته بفعالية الشعور بالمسئولية والتحمل لدى الفرد فيجعله يقابل الصعوبات بجرأة وصبر ويساعده في التغلب عليها.

رابع وعشرون: التعود على التخطيط وممارسة المنهجية في العمل

يعود تنظيم الوقت وإدارته للإنسان على تخطيط أعماله وقيامه بواجباته بمنهجية ومعلوم ما للتخطيط من آثار إيجابية على تحقيق الاستفادة المثلى من الجهد الإنساني.

علاقة الوقت بعمل المدير

تشير بعض البحوث والدراسات الإدارية إلى أن حوالي 60% من وقت العمل الضائع سببه الأمراض الإدارية لدى المديرين، ومن أمثلة هذه الأمراض: حب السلطة، ضعف مهارة التفويض لديهم، المركزية الشديدة، كثرة ضغوط العمل، عدم كفاية الوقت المخصص لإنجاز الأعمال المطلوبة منهم.

ومن المشكلات الحقيقية التي تواجه المدير هو كيف يدير وقته؟ فبعض المديرين يعتبرون الوقت مشكلة كبيرة لديهم حيث إنهم يقولون: «ليس لدينا وقت»، «الوقت ضيق»، «الوقت غير كاف» .. والبعض يقول: «ليت اليوم أطول بعض الشيء حتى أستطيع إنجاز المطلوب مني». كل هذا يعبر عن عدم التوظيف الجيد للوقت وعدم إدارة الوقت بالأسلوب السليم.

وفي برنامج تدريبي عن «إدارة الوقت» قدمه البيت العربي للتدريب والاستشارات الإدارية، أشار محمد محمد إبراهيم إلى علاقة الوقت بعمل المدير من خلال الإشارة إلى نتائج دراسة قام بها فريق من الباحثين بمركز القادرة الخلاقة بالولايات المتحدة الأمريكية حيث توصل الفريق إلى عدد من التعميمات بخصوص عمل المدير، أهمها الحقائق العشرة عن عمل المدير، وهي كما يلي:

1- المديرون يعملون ساعات طويلة

يعمل المدير عادة ساعات طويلة – أطول من الساعات التي يعملها غير المديرين - وقد تصل الساعات التي يعملها المدير إلى 90 ساعة في الأسبوع في بعض الحالات، ولاحظوا أيضاً أنه مع تزايد نجاح المدير يزداد عدد الساعات التي يعملها وليس العكس.

2- المدير مشغول جدا:

بالإضافة إلى أن المدير يعمل ساعات طويلة، فإنه يفعل أشياء كثيرة مختلفة، وتعدد

بعض الدراسات أكـثر مـن مـائتي شيء مختلـف أن ينشـغل بهـا المـدير في يـوم عمـل واحـد، ونلاحظ أن ملاحظ العمال لا يكاد يجلس بـدون مقاطعـة أو تحـدث لمـدة دقيقـة واحـدة في اليوم العادي، غير أنه لحسن الحظ فإن معدل النشاط والتشتيت يقـل مـع ارتفـاع المـدير في درجات السلم الإداري.

3- عمل المدير متقطع

وكما هو متوقع مع ارتفاع عدد وتنوع الأشياء التي يهتم بها المدير – على النحو المبين أعلاه- فإنه اهتمامه بأي شيء أو موضوع منها لابد أن يكون لفترة قصيرة جداً، ولابد أن يكون متقطعاً، فلا تكاد تتاح له الفرصة للاهتمام بموضوع أو شيء واحد لفترة معقولة، ولابد بالتالي أن تفتقر اتصالاته مع الآخرين للاستمرار والإتمام وليس كل شخص يمكن أن يكون فعالاً في ظل هذا الجو من العمل.

4- عمل المدير متنوع

يمكن تمييز خمسة أنواع أساسية مـن العمـل في عمـل المـدير في اليـوم العـادي: أعمـال ورقية، اتصالات تليفونية، اجتماعات ومقابلات محددة مقدمة اجتماعات ومقابلات غير مخططة أو غير رسمية، زيارات وجولات متابعة وتفتيش. ويعطي ذلك صورة تقريبية عـن مدى التنوع في عمل المدير، أضف إلى ذلك أن المشكلات المطروحة بحد ذاتها متنوعة إلى حـد كبير جداً وتحتاج من المدير قدرة عالية على تغيير اهتمامات واتجاهات تفكيره بسرعة كبيرة.

5- المدير ينشغل بإدارته

ويقضي معظم وقته بها وكلما ارتفـع مستوى المدير نلاحظ أنه يقضـي وقتـاً أطـول عـلى مكتبه بالمقارنة بالتجول بين العمل أو المرؤوسين.

6- عمل المدير أساساً شفوي

أكـثر مـن نصـف عمـل المـدير في الإدارة المبـاشرة والوسطى يـقضي في اتصالات

شفوية، وترتفع النسبة أعلى في مستويات الإدارة الأعلى، حتى أن 90% من كبار المديرين يقضونه في التحدث، وأغلب اتصالاتهم الشفوية تكون في مواقف وجه لوجه والقليل منها على التليفون.

7- اتصالات المدير بالآخرين كثيرة

يميل المديرون إلى الاتصال المستمر بالآخرين، ويميلون إلى الاتصال والتواجد مع مرؤوسيهم أكثر من مع رؤسائهم، فهم يشرفون على الآخرين أكثر مما يشرف عليهم، كذلك يقضي المدير وقتاً كبيراً في الاتصال والتفاعل مع الزملاء وتزداد نسبة الاتصالات مع أشخاص خارج القسم وخارج الشركة كلما ارتفع المدير في المستوى الإداري.

8- المدير ليس مخططاً مفكراً

لأن المديرين لا يتركون وحدهم إلا نادراً، فإنه ليس لديهم في الواقع وقت طويلاً يقضونه في التفكير والتخطيط، أنهم ببساطة مشغولون جداً، ويمكن أن تمر أسابيع دون أن تتاح للمدير فرصة ولو نصف ساعة هدوء دون إزعاج أو مقاطعة ليفكر ويخطط، والوقت الذي يقضيه المدير وحده عادة يقضيه في القراءة والكتابة وكمية المراسلات والأعمال الورقية والتقارير المرفوعة من الرؤساء وما إلى ذلك كبيرة للغاية، والنتيجة أن المدير في العادة لا يقضي أكثر من 5% من وقته في التفكير والتخطيط والتأمل في عمله.

9- المعلومات جزء أساسي في عمل المدير

يقضي المدير نحو نصف وقته في الحصول على المعلومات وأقل من ربع وقته في اتخاذ القرارات وتقييم الأفكار ووضع الاستراتيجيات، وقد تبدو هذه النتيجة طريفة بعض الشيء في ضوء أن أحد التعريفات الشائعة للإدارة يركز على إنها «اتخاذ قرارات».

10- المديرون لا يعرفون كيف يقضون وقتهم

فإذا سألت أي مدير فيم يقضي وقته، فإنه غالباً سيعطيك إجابة يعتقد هو إنها دقيقة، في حين أن أي تحليل دقيق لكيفية قضائه لوقته تكشف إنها صورة غير صحيحة،

فالمديرون عادة يميلون إلى المبالغة في تقدير الوقت الذي يقضونه في الإنتاج والإطلاع والكتابة والتفكير والمكالمات التليفونية في حين يقللون الوقت الذي يتصورون إنهم يقضونه في الاتصالات الشخصية والتحدث في المناقشات الرسمية وغير الرسمية.

وربما كان الوقت هو أثمن ما تملكه، وهو بنفس الوقت أكثر ما نضيعه، ونادراً ما ندرك مقدار الضياع والإهدار الذي نرتكبه أو نسيء استخدام الوقت أو تبذره.

الفصل الخامس

قواعد وأساليب وأدوات
إدارة الوقت

أشتمل هذا الفصل على:

- عشرة قوانين لإدارة ناجحة لوقتك.
- 10 Laws of Time Management
- عشرون قاعدة لإدارة الوقت.
- نصائح مفيدة في إدارة الوقت.
- خطوات إدارة الوقت.
- تحليل وقت العمل.
- خطط وقتك جيداً.
- مصفوفة إدارة الوقت.
- مبدأ باريتو.
- الأدوات والتقنيات.

عشرة قوانين لإدارة ناجحة لوقتك

حدد هيرم سميث Hyrum W. Smith عشرة قوانين لإدارة ناجحة لوقتك هي:

(أ) الجزء الأول: إدارة وقتك

القانون رقم (1)   :   أنت تتحكم في حياتك من خلال تحكمك في وقتك.

القانون رقم (2)   :   تحكمك في قيمك هو أساس إنجازك الشخصي.

القانون رقم (3)   :   عندما تعكس أنشطتك اليومية قيمك فأنت تحقق السلام الداخلي مع نفسك.

القانون رقم (4)   :   لتحقيق أي هدف له مغزى، فإنك لابد أن تترك منطقة الراحة.

القانون رقم (5)   :   التخطيط اليومي يزيد من قدرتك على الحكم في الوقت.

(أ) الجزء الثاني: إدارة حياتك

القانون رقم (6)   :   سلوكك هو انعكاس لما تؤمن أو تعتقد به.

القانون رقم (7)   :   أنت تشبع احتياجاتك عندما تكون معتقداتك متفقة مع الواقع.

القانون رقم (8)   :   السلوكيات السالبة يمكن التغلب عليها بتغيير المعتقدات الخاطئة.

القانون رقم (9)   :   احترامك أو تقديرك لنفسك يجب أن يأتي من داخلك.

القانون رقم (10):أعط أكثر تحصل على أشياء أكثر.

10 Laws of Time Management

Hyrum W. Smith identified 10 laws of successful time and life management, as following:

Part I : Managing Your Time:

Law (1) : You control your life by controlling your time.

Low (2): Your governing values arc the foundation of personal fulfiIIment.

Low (3): When your daily activities reflect your governing values, you experience inner peace.

Low (4): To reach any significant goal, you must leave your comfort zone.

Low (5): Daily planning leverages time through increased focus .

Part II : Managing Your Life

Law (6): Your behavior is a reflection of what you truly believe

Low (7): Your satisfy needs when your beliefs are in line with reality.

Low (8): Negative behaviors are overcome by changing incorrect beliefs.

Low (9): Your self-esteem must ultimately come from within.

Low (10): Give more and you'll have more

عشرون قاعدة لإدارة الوقت

في مقالة هامة في باب «تجارب وخبرات» بمجلة جمعية التدريب والتنمية المنشورة عام 2001 تم تحديد عشرون قاعدة لإدارة الوقت، هي كالتالي:

القاعدة رقم (1) : القراءة بطريقة انتقائية.

القاعدة رقم (2) : إعداد قائمة بالأمور التي تؤديها في الوقت الحاضر.

القاعدة رقم (3) : إيجاد مكان لكل شيء وحفظ كل شيء في مكانه.

القاعدة رقم (4) : تحديد أولويات لمهامك.

القاعدة رقم (5) : أداء شيء مهم واحد في المرة الواحدة لكن أداء عدة أشياء تافهة في الوقت نفسه معاً.

القاعدة رقم (6) : وضع قائمة ببعض المهام البسيطة المتعلقة ببعضها التي تتم في 5 أو 10 دقائق.

القاعدة رقم (7) : تقسيم المشروعات الكبيرة.

القاعدة رقم (8) : تحديد نسبة 20% الحاسمة من مهامك.

القاعدة رقم (9) : توفير أفضل وقتك للأمور الهامة.

القاعدة رقم (10):تقترح ضرورة أن تناضل للاحتفاظ ببعض الوقت أثناء اليوم عندما لا يصـل إليك آخرون.

القاعدة رقم (11):عدم الاعتياد على المماطلة.

القاعدة رقم (12):الوعي لحقيقة تسلسل استخدام الوقت.

القاعدة رقم (13):وضع مواعيد نهائية.

القاعدة رقم (14):أداء شيء ما إنتاجي أثناء الانتظار.

القاعدة رقم (15):أداء العمل الانشغالي في وقت واحد محدد أثناء اليوم.

القاعدة رقم (16):وضع قاعدة عملية هامة لتقليل الإجهاد علاوة على إدارة الوقت.

القاعدة رقم (17):وضع جدول لبعض الوقت الشخصي.

القاعدة رقم (18):تتضمن الرقابة العقلية.

القاعدة رقم (19):وجود أهداف طويلة الأجل.

القاعدة رقم (20):تقترح ببساطة ضرورة البحث المستمر عن طرق لتحسين إدارة الوقت.

نصائح مفيدة في إدارة الوقت

يمكن أن نقترح عليك عدداً من النصائح أو الوصايا حتى تدير وقتك بنجاح:

1- لا تماطل أو لا تؤجل عمل اليوم إلى الغد.

2- لا تخف من العمل.

3- اعتبر وقتك جزءً من حياتك.

4- رتب المنزل.

5- رتب مكان العمل.

6- ضع أهدافك بوضوح.

7- حدد الأولويات.

8- لا تضيع وقتك في مشاهدة التليفزيون وأفلام الفيديو وألعاب الفيديو الإلكترونية.

9- لا تضيع وقتك عند النجاح.

10- احرص على أن يكون مقر عملك بالقرب من منزلك.

11- استيقظ مبكراً ونم مبكراً.

12- قلل من المقاطعات وتسرب الوقت.

13- تجنب محاولة الوصول إلى الكمال.

14- تعلم أن تقول «لا».

15- تعرف على ساعاتك المثمرة.

16- تفويض بعض الأعمال للآخرين.

17- كافئ نفسك عندما تدبر وقتك بشكل أفضل عما سبق.

ويضيف آلن لاكين مقترحات وتوصيات أخرى لكيفية توفير وإدارة الوقت هي:

1- اعتبر وقتك جزءً لا يتجزأ من حياتك.

2- حاول الاستمتاع بأي شيء تعمله.

3- كن دائماً متفائلاً.

4- ابن حياتك على النجاح والتفوق.

5- لا تضيع وقتك عندما تفشل في أي مهمة.

6- لا تضيع وقتك بالشعور بالندم إذا لم تفعل شيئاً.

7- هناك دائماً متسع من الوقت للأشياء الهامة، فإذا كانت هامة فسوف تجد الوقت للقيام بها.

8- حاول إيجاد تقنية جديدة كل يوم تتمكن من خلالها الحصول على وقت أطول.

9- استيقظ مبكراً خلال أيام الأسبوع، ونم مبكراً.

10- تناول طعام غذاء خفيف حتى لا تشعر بالنوم بعد الظهر.

11- لا تقرأ الصحف والمجلات دائماً بل أقرأها أحياناً وأحرص على ما يدور في العالم من خلال موجز الأخبار.

12- استعرض الأفكار الرئيسية عند القراءة للكتب.

13- تخلص من مشاهدة التليفزيون قدر الإمكان، وركز على مشاهدة الأفلام والبرامج الممتعة والمفيدة.

14- احرص على أن يكون مقر عملك بالقرب من منزلك لتتمكن من المشي إليه، واستخدام السيارة عندما تشعر بالتعب.

ويضيف دايل تيمت في كتابة «إدارة الوقت» نصائح إضافية هي كالآتي:

1- اعمل بذكاء وليس بصعوبة.

2- تعامل مع الأعمال الصعبة في الفترة الصباحية.

3- حاول تعمل الأشياء الصحيحة وليس بشكل صحيح.

4- حدد النشاطات والمهام التي تنوي القيام بها.

5- اجعل عملية تبني الأولويات ووضعها عادة من عاداتك الرئيسية.

6- قم بعمل واحد في وقت واحد.

7- أجل كل شيء له صلة بالعمل الحالي.

8- استفد قدر الإمكان من مبدأ للتفويض.

9- حدد أهدافك لتكون واقعية وقابلة للتطبيق.

10- ضع جدولاً يومياً للاتصالات الهامة والمقابلات والاجتماعات.

11- لا تؤجل الأعمال الهامة وذات الحاجة الملحة وحاول أن توجد حلاً لها.

12- لا تحاول أن تنقل عمل المكتب إلى المنزل.

خطوات إدارة الوقت

حدد روبرت هوشهسير Robert Hochheiser الخطوات الآتية:

1- سجل أهدافك واكتبها بطريقة جيدة.

الأهداف الذكية تكون:

	Smart	
Specific	محددة بوضوح	1-
Measurable	قابلة للقياس	2-
Achievable	يمكن تحقيقها	3-
Results-oriented	مرتبطة بالنتائج وليس بالأفعال أو الجهود	4-
Time-bound	مرتبطة بوقت محدد للإنجاز	5-

2- سجل الأشياء التي يجب عملها.

3- استخدم تقويم يومي للمواعيد.

4- حدد أولوياتك (أهم الأشياء تنجز أولاً)

5- لا تؤجل عمل اليوم إلى الغد.

6- قسم أولوياتك لخطوات يمكن إنجازها.

7- حدد الوقت المناسب لإنجاز كل مهمة.

8- لا تسمح للآخرين بمقاطعتك.

9- فوض الآخرين بإنجاز بعض الأعمال.

10- ابدأ بعمل الخطوة الأولى، وحاول مرة أخرى إذا فشلت.

11- أحفظ وقتك من مصيدة ومضيعات الوقت.

12- تابع.

إن عملية إدارة الوقت تعتبر عملية متواصلة ومستمرة بدءً من التحليل وحتى التقـويم والمتابعة وهي عملية دائرية يمكن ترجمتها إلى ثمان مراحل تفصيلية موضحة في الشكل التالي والذي كان جزءً هاماً في برنامج تدريبي عن «تطوير المهارات الإشرافية» تـم تقديمـه بواسـطة منظمة أمديست PRC في عام 2002:

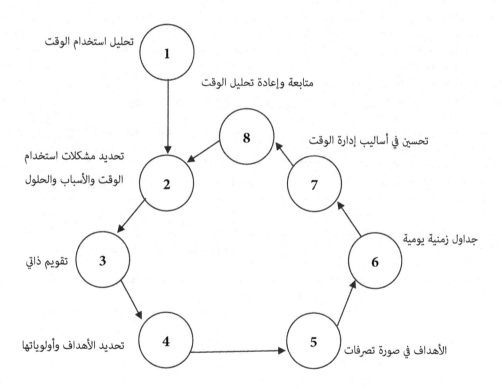

شكل رقم (5)

مراحل عملية إدارة وقت العمل

وفيما يلي توضيح لهذه المراحل:

1- استخدام كيفية الوقت المتاح من خلال الاستعانة بسجلات الوقت أو أي وسيلة تساعد على التحليل الدقيق للوقت المستخدم.

2- فرصة سدل الوقت وتحليله لتحديد المشكلات الناجمة عن الاستخدام الحالي كأن تكون في صورة نشاطات تستغرق وقتاً أكثر مما يجب.

3- التقويم الذاتي من وقت لآخر لقدرات المديرين واهتماماتهم وطريقة الاستخدام الاقتصادية للوقت المتاح لتحقيق المواءمة بين ما يحتاجونه أو يرغبون فيه وبين ما هو متاح وما يمكنهم القيام به.

4- تحديد الأهداف ومدى أولوياتها وفقاً لأهميتها النسبية بما يساعد على حسن استغلال الوقت.

5- ترجمة الأهداف حسب أولوياتها إلى تصرفات مخططة في إطار الوقت المتاح.

6- إعداد جدول زمني يومي بالنشاطات المطلوب القيام بها باستخدام ما يتناسب مع ذلك كمذكرة يومية.

7- تحسين في أساليب استخدام وقت العمل عن طريق البحث عن الحلول المناسبة لمشاكل إدارة الوقت واستخدامه وخصوصاً المشكلات المناخية أو الأزمات التي قد تعترض الجدول الزمني المخطط وتفسد استغلال الوقت المتاح.

8- متابعة الجدول الزمني لتوزيع وقت المديرين وما قد يتطلبه الأمر من إعادة تحليل الوقت أو تعديل في الجدول الزمني.

تحليل وقت العمل:

التحليل Analysis أي توفير البيانات الكافية حول استخدامك الحالي لوقت العمل المتاح وحول المشاكل التي تتعرض لها عند استخدامه والأسباب الكامنة وراء ذلك،

وعلى ذلك فإن نماذج تسجيل الوقت ذات أهمية حاسمة في هذا المجال. لذا فإن الأمر يتطلب احتفاظ كل مدير بسجل لوقته ولفترة أسبوع على الأقل ولا معنى لما يمكن أن نسمعه من قول بعض المديرين: لماذا احتفظ بسجل الوقت؟ أنا اعرف تماماً كيف وأين يذهب وقتي؟ إن سجل الوقت يعتبر مضيعة للوقت في حد ذاته، فلو تصورنا الوقت المستغرق - يومياً- في النشاطات ثم قارناه بما يتمناه المدير الذي يسعى إلى تحقيق الفعالية لإدارته ومنظمته ولا يتضح الفرق إذا كان المدير يستخدم نموذجه كالتالي:

المجموعة	النشاط	الوقت الفعلي	الوقت الذي أتمنى تحقيقه	ملخص مشكلات استخدام الوقت في اليوم
الأعمال الشخصية	● الأكل ● النوم ● الصلاة			
الأعمال الوظيفية	**وقت محكوم** ● تقارير ● بريد **وقت غير محكوم** ● مكالمات تليفونية ● زيارات			
وقت الأسرة	● توجيه الأولاد ● شراء الاحتياجات			
التنمية الذاتية	● قراءة ● رياضة بدنية			
الترفيه	● مشاهدة التلفزيون			
وقت حر	● رحلات			

فمن خلال جدولة الوقت بفعالية بواسطة ترتيب الأولويات، يتعلم كل منا أن يتجنب إلزام نفسه أكثر من اللازم، ويصبح تعلمه لمتى؟ وكيف؟ ويقول لا أمراً مُهما لأن زيادة الالتزام يقلل من فعاليتنا، فعدم القدرة على التركيز على الأهداف المهمة يعود إلى توزيع بعض الوقت على كل شيء بدلاً من الالتزام بإعطاء معظم الوقت إلى بعض الأشياء.

وتزداد أهمية إدارة الوقت بسرعة خاصة في الحياة الشخصية للإفراد والمنظمات بدءً من مديري الإدارات العليا إلى المشرفين إلى المستوى الأول فإنه أصبح من المعروف أن الإدارة الجيدة للوقت تعتبر مفيدة من جهة التوفير في تكاليف الأعمال.

التخطيط Planning:

لأن الاستخدام الفعّال يتطلب ضرورة التخطيط فلم يعد مقبولاً أن يدعي أي مدير أنه لا يملك الوقت للقيام بالتخطيط، فقضاء ساعة في تخطيط الوقت يمكن أن يساعد على توفير ساعات تنقضي على أشياء خاطئة أو في أعمال لا أهمية لها، وبالرغم أن التخطيط يأخذ وقتاً طويلاً أول الأمر فإنه يعوض ذلك، حيث ينمي نتائج أفضل ويوفر وقتاً في الإدارة الحقيقية للنشاطات.

ولهذا على كل منا أن يأخذ وقتاً كافياً للتخطيط ولا يمارس الإدارة بالأزمات وحتى يمكن أن يخطط جيداً ويحدد الأولويات بعد أن يستخدم أي طرف من طرف اليوم لتحديد الأهداف اليومية بعد ترتيبها حسب أهميتها.

خطط وقتك جيداً

عند تخطيط الوقت يكون الهدف هو تحديد أقصر وقت لازم لاستكمال المهمة المطلوبة، ولذا فعليك أن:

أ - تبدأ بتحليل المهمة في تفاصيلها الصغيرة.

ب- تحدد الوقت اللازم لاستكمال كل وحدة فرعية من هذه التفاصيل.

ج- تحدد تسلسل الوحدات الفرعية التي يجب استكمالها مثل بـدء الأخـرى أو تلـك التـي يمكن القيام بتنفيذها في وقت واحد.

من ذلك التحليل يمكن تحديد أهم ثلاث عنصر للوقت:

1- مدة كل خطوة.

2- أول وقت ممكن لبداية الخطوة Earliest time.

3- آخر وقت ممكن لبداية الخطوة Latest time.

يمكن عمل التخطيط للوقت عن طريق موظفين لديهم خبرة سابقة في أنشـطة مماثلـة. عليك الاعتماد على شخص لديه هذه الخبرة إذا لم تتمكن من الأداء.

الكثير في المديرين يجدوا أن من الواقعية تقدير استراحات زمنية كنطاق فضلاً عن كونه كمية محددة بدقة. هناك طريقة أخـرى للتعامـل مـع نقـص الدقـة في تقـدير الوقـت وهـي استخدام معادلة معروفة للمهمة:

الرموز المستخدمة:

الوقت الأكثر احتمالاً = TM

الوقت التفاؤلي (أقل وقت) = TO

الوقت التشاؤمي (أطول) وقت = TP

الوقت التقديري المحسوب = TE

ولحساب الوقت التقديري المحسوب، يمكن الاستفادة من هذه المعادلة:

$$TE = \frac{TP + TO + 4\,TM}{6}$$

مصفوفة إدارة الوقت

يمكن النظر إلى أي نشاط نقوم به من منظورين هما: الأهمية Importance والعجالة Urgency. وفي ضوء ذلك يمكن تصنيف الأنشطة إلى أربعة أنواع مطلوب من الإنسان الاهتداء بالترتيب التالي لها:

1- عاجل وهام

2- عاجل وغير هام

3- غير عاجل وهام

4- غير عاجل وغير هام

	الأهمية	
2- عاجل وغير هام	1- عاجل وهام	غير هام
منطقة التصرف	المنطقة الحرجة	
4- غير عاجل وغير هام	3- غير عاجل وهام	
منطقة عدم الكفاءة والفعالية	منطقة التخطيط	
غير عاجل	العجالة ←	عاجل

شكل رقم (6)

مصفوفة إدارة الوقت

بمعنى أن الإنسان الناجح هو الذي يرتب أموره على أساس مصفوفة إدارة الوقت، بحيث لا يطغى غير الهام على المهم، ولا يطغى العاجل على غير العاجل، بل يوزع أعماله وأهدافه على ضوء هذه المربعات الأربعة، بحيث يجعل تركيزه على منطقة التخطيط، لأنـه عنـوان النجـاح والتفوق، ويبقى التوازن سيد كل المواقف.

فإن الأمور أو الأنشطة العاجلة وغير الهامة - والتي كثيراً ما تستغرق معظم وقتنا - فإنها لا تعود علينا بأي تميز أو إبداع. والسبب في ذلك أن الأمور العاجلة لا تقبل التحسين عادة، ولسرعة إنجازها وعدم قبولها التأجيل، بينما يقبل غير العاجل من أهدافنا الإتقان والتحسين، بسبب فسحة الوقت المتاحة، وغير المهم يشبه في عدم احتياجه إلى التطوير.

وبطريقة أخرى يمكن تحديد الأولويات في موضوع إدارة الوقت كالتالي:

1- Tasks must do	1- مهام يجب القيام بها حالاً
2- Tasks should do	2- مهام يجب القيام بها إذا سمح الوقت
3- Tasks nice to do	3- مهام قد يكون من المفيد القيام بها
4- Tasks not to do	4- مهام لا ينبغي القيام بها

وهناك من يصنف هذه الأولويات بشكل مشابه كالتالي:

1- Must do first	1- أنشطة يتعين إنجازها أولاً
2- Must do	2- أنشطة يتعين إنجازها
3- Desirable to do	3- أنشطة من المرغوب إنجازها
4- Can wait	4- أنشطة يمكنها الانتظار

كذلك يمكن النظر إلى أي نشاط نقوم به من منظورين؛ هما: طبيعة المهام Tasks المطلوب إنجازها، والزمن Time المتبع لإنجازها. وفي ضوء ذلك يمكن تصنيف الأنشطة إلى أربعة أنواع مطلوب من الإنسان الاهتداء بالترتيب التالي لها:

1- المهام المعقدة قصيرة المدى.

2- المهام البسيطة قصيرة المدى.

3- المهام المعقدة طويلة المدى.

4- المهام البسيطة طويلة المدى.

شكل رقم (7)

مصفوفة إدارة الوقت

مبدأ باريتو

يتمثل مبدأ باريتو Pareto في إدارة الوقت إلى أن 20% من الوقت المخصص للحصول على نتائج معينة يؤدي إلى 80% من هذه النتائج.

بمعنى أن 80% من المجهودات غير المركزة تـؤدي إلى إنجـاز 20% مـن النتـائج، أمـا الـ 80% من النتائج المتبقية يتم إنجازها بـ 20% من الجهد.

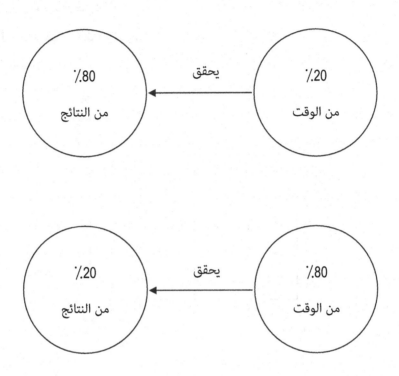

أمثلة على صحة مبدأ باريتو:

● 20% من الوقت المخصص للاجتماعات يؤدي إلى 80% من القرارات التي تتخذ في هذه الاجتماعات.

● 20% من العملاء يساهمون بـ 80% من إجمالي المبيعات.

● الأسباب القليلة (20%) ولكنها حيوية تؤثر أكثر من غيرها في الأحداث.

الأدوات والتقنيات Tools and Techniques

لضمان حسن استخدام وقت العمل فإن هناك مجموعة من الأدوات والتقنيات المساعدة سوف نستعرض منها أداتين هامتين يمكن استخدامها في إدارة أعمالنا اليومية:

1- خرائط جانت Gant Chart

● خريطة جانت: هي عبارة عن خريطة أعمدة أفقية والتي تظهر العلاقة الزمنية بين الخطوات في المشروع من خلال الرسم البياني. ولقد سميت بخريطة جانت نسبة إلى المهندس الصناعي هنري جانت الذي استحدث هذا الإجراء في أوائل التسعينات. تمثل كل خطوة في المشروع بخط في الخريطة بالوقت إلى يتم فيه العمل. وعندما تكتمل الخريطة يتضح تدفق الأنشطة في تسلسل وكذلك الأنشطة التي تقع في نفس الوقت.

● لعمل خريطة جانت حدد الخطوات اللازمة لاستكمال المشروع وقدر الوقت المطلوب لكل خطوة. تكون الخطوات على الجانب الأيسر من الخريطة وتكون فواصل الوقت في الأسفل. ارسم خط عبر الخريطة لكل خطوة تبدأ من التاريخ المخطط للبداية وتنتهي عند استكمال تلك الخطوة.

● يمكن تنفيذ بعض الخطوات المتوازية في نفس الوقت مع أخرى ذات وقت أطول. وهذا يتيح بعض المرونة عند بدء الخطوة الأقصر، مادام العمل قد انتهى حسب الخطة ليتدفق إلى خطوات متتالية. ويمكن توضيح هذه الحالة بخط منقط يستكمل عند اكتمال الخطوة.

● عند انتهاء خريطة جانت يمكنك رؤية الوقت الإجمالي الأدنى للمشروع والتسلسل الصحيح للخطوات وتلك التي يمكن القيام بها في نفس الوقت.

● وللاستفادة من خريطة جانت يمكنك إضافة التقدم الفعلي للخريطة. وهذا عادة ما يحدث عند رسم خط بلون مختلف أسفل الخط الأساسي لإظهار البداية الفعلية وتواريخ البداية والنهاية لكل خطوة. وهذا يساعدك في سرعة تقييم الجدول الزمني للمشروع.

● تعتبر خرائط جانت محدودة في قدراتها على إظهار الاعتماد المتبادل للأنشطة. وفي المشروعات التي تتدفق فيها الخطوات بشكل بسيط فإن الخرائط تكون قادرة على

توضيح المعلومات بشكل أكثر كفاءة. إلا أنه عندما تقع أحداث مختلفة في نفس الوقت مع وجود مستوى عالي من الاعتماد المتبادل بين الخطوات المختلفة فإن استعمال الرسم البياني لبيرت يكون هو الاختيار الأمثل.

2- **شبكة وقت بيرت Bert Time**

- ترمز كلمة «بيرت» إلى تقييم البرنامج وتقنية المراجعة، ويعتبر رسم بيرت أكثر تعقيداً من خرائط جانت وهو أكثر ملائمة للمشروعات المتداخلة الخطوات. ويتكون الرسم البياني لبيرت من ثلاث مكونات: الأحداث ممثلة في دوائر والأنشطة ممثلة في أسهم تصل الدوائر بعضها ببعض وعدم وجود أنشطة تصل حدثين ممثلة في شكل أسهم ذات خطوط منقطة.

- (وعدم وجود نشاط: يحدث عندما يكون هناك اعتماد بين حدثين ولكن مع عدم الحاجة إلى القيام بأي عمل).

- لكي نبين بالرسم البياني لبيرت، سجل الخطوات المطلوبة لإنهاء المشروع وتقدير الوقت لاستكمال كل خطوة. وبعد ذلك ارسم شبكة من العلاقات بين الخطوات، مع مراعاة أهمية التسلسل الصحيح. يكتب رقم كل خطوة من بيان الخطوات التي أعددته في المكان المناسب لها في دوائر الأحداث للتعرف على تلك الخطوة. ويذكر الوقت اللازم لاستكمال الخطوة التالية على السهم. الخطوات التي تجري في الوقت نفسه توضح على مسارات مختلفة.

- ولتعظيم الاستفادة من الرسم البياني لبيرت يتم تلوين كل خطوة بمجرد انتهائها. ويكتب الوقت الفعلي فوق الوقت المقدر للحصول على مقارنة بين الوقت الفعلي مقابل الوقت المخطط له.

الفصل السادس

_____

مهارات إدارة الوقت

أشتمل هذا الفصل على:

📖 مقدمـــة.

📖 أولاً: مهارة تسجيل وتحليل الوقت وضبطه.

📖 ثانياً: مهارة التخطيط.

📖 ثالثاً: مهارة الاتصال.

📖 رابعاً: مهارة الإشراف.

📖 خامساً: مهارة التفويض.

📖 سادساً: مهارة إدارة الاجتماعات.

مقدمة

● مهارات إدارة الوقت من المهارات الأساسية للناس الأكثر فعالية.

● استخدام مهارات إدارة الوقت بصورة جيدة تجعلك تنجز أعمالك بفعالية حتى تحت الضغط.

● ركز على النتائج وليس على أن تكون مشغول.

● معظم النشطاء يضيعون وقتهم، وينجزون أعمال قليلة.

ومن مهارات إدارة الوقت نذكر:

1- مهارة تسجيل وتحليل الوقت وضبطه.

2- مهارة التخطيط.

3- مهارة الاتصال.

4- مهارة الإشراف.

5- مهارة التفويض.

6- مهارة إدارة الاجتماعات.

وسوف يوفر الفصل الحالي مجموعة من الاستقصاءات التي يمكن أن تساعد القارئ على التعرف على درجة هذه المهارات لديه.

أولاً: مهارة تسجيل وتحليل الوقت وضبطه

لمعرفة الشخص لمستوى إدارته لوقته واكتشاف مدى استخدامه للوقت لتحقيق أهدافه وطموحاته وكذلك واجباته المتعلقة بالعمل والأسرة، ينبغي أن يقوم بمراجعة استخدامه للوقت.

إن الخطوة الأولى للاستفادة المثلى من الوقت هي معرفة كيفية انقضاء هذا الوقت في الواقع، وهذا يتطلب تسجيلاً لكافة النشاطات التي يمارسها المدير في فترة زمنية محددة وكذلك الوقت الذي يستغرقه كل نشاط في هذه الفترة كالأسبوع أو الشهر مثلاً،

ثم استخراج معدل الوقت الذي يقضيه المدير في كل نشاط، وعرض ذلك في شكل جداول ونسب مئوية أو رسوم بيانية حتى تبرز الجوانب التي يضيع فيها الوقت بشكل واضح.

ولقد حدد برنامج تدريبي عن «إدارة الوقت» تم تقديمه بواسطة شركة كفاءات للتدريب والتوظيف والاستشارات عام 2005، عشر خطوات تساعدك في تسجيل وتحليل وضبط الوقت، كالتالي:

1- تكتشف كيف تستخدم الوقت من خلال السجل اليومي للوقت قم بتسجيل الأعمال التي قمت بها يومياً وكيف صرفت الوقت.

2- حدد الأعمال التي تستهلك الجزء الأكبر من وقتك، ثم تساءل عن ماذا يمكنك عمله حيالها.

3- قيم نفسك ومدى التزامك بقواعد تنظيم الوقت بين فترة وأخرى هل تستخدم قائمة الأعمال اليومية؟ وهل تحدد أولويات الأعمال التي تضع بالقائمة؟ وهل تستخدم سجل للمواعيد؟ وهل تحسن التصرف تجاه مضيعات الوقت؟

4- راجع الأولويات والأهداف التي تسعى لتحقيقها، وقم بتحديثها أو تبديل ما ترى أنه يحتاج إلى تبديل.

5- ترجم الأولويات والأهداف التي تصرفات مخططة وأعمال محددة ذو توقيت وجداول زمنية وابذل جهداً للالتزام بأدائها وراجع في نهاية الشهر ما تم تنفيذه وما لم يتم تنفيذه ولماذا؟

6- استخدم أجندة أو سجل للمواعيد لإنجاز الأعمال وحاول الالتزام به وراجعه من حين لآخر كيف تقضي الوقت وتديره.

7- حدد الوقت والمشكلات التي تربك لك جدول تنظيم الوقت لديك وفكر كيف يمكن التغلب عليها والخلاص منها.

8- كن معقولاً في تنظيمك لوقتك، ولا تحاول القيام بعدد كثير من الأعمال في وقت قصير لأن أمر مستحيل يولد لديك الإحباط والضغوط.

9- كن مرناً في تنظيمك لوقتك بحيث يسمح جدولك بتعديله وفقاً لما يستجد ولتتمكن من احتواء الأعمال الطارئة والهامة.

10- اسأل نفسك عن قدرتك على تفويض الأعمال للآخرين وفكر في مزيد من تفويض الأعمال.

والآتي عدد من الاستمارات والنماذج التي يمكن أن تساعدك في تسجيل وتحليل وضبط الوقت لديك بصفة عامة ووقت العمل بصفة خاصة.

نموذج يومي لتدوين كيفية استخدام الوقت

اليوم .... الموافق / /

	9-8	10-9	11-10	12-11	1-12	2-1	3-2	4-3	5-4	إجمالي
داخل المكتب										
1- مكالمات هاتفية										
2- لجان										
3- اجتماعات مجدولة										
4- مقابلات										
5- قراءة الأوراق										
6- كتابة تقارير										
7- اتخاذ قرارات										
8- التشاور مع المرؤوسين										
9- تخطيط										
10- أخرى										
خارج المكتب										
1- اجتماعات										
2- مؤتمرات										
3- لجان										
4- مقابلات										
5- زيارات ميدانية										
6- أخرى										
الإجمالي										

الفصل السادس

خطة العمل اليومي

الاسـم: ....

التاريخ: ....

م	التوقيت		مكان التواجد	رقم التليفون	اسم الزائر	سبب الزيارة	نتيجة المقابلة	ملاحظات
	من	إلى						

المهام المطلوب إنجازها بشكل أسبوعي

من / / إلى / /

التاريخ	الأنشطة/ المهام	الوقت المطلوب لإنجاز النشاط/ المهمة	إمكانية التفويض ولمن؟	ملاحظات
السبت 200 / /				
الأحد 200 / /				
الاثنين 200 / /				
الثلاثاء 200 / /				
الأربعاء 200 / /				
الخميس 200 / /				
الجمعة 200 / /				

ملحوظة: يكتب في خانة الملاحظات الأشياء الهامة لتذكير الشخص بها، مثل الإجازة الأسبوعية، والإجازات الرسمية.

المهام المطلوب إنجازها بشكل شهري

من / / إلى / /

م	التاريخ	الأنشطة/ المهام	الوقت المطلوب لإنجاز النشاط/ المهمة	إمكانية التفويض ولمن؟	ملاحظات
1					
2					
3					
4					
5					
6					
7					
8					
9					
10					
11					
12					
13					
14					
15					
16					
17					
18					
19					
20					

ملحوظة: يكتب في خانة الملاحظات الأشياء الهامة لتذكير الشخص بها، مثل الإجازة الأسبوعية، والإجازات الرسمية.

أعمال/ مهام مطلوب القيام بها

ملاحظات	تاريخ القيام بها	نوع العمل المطلوب لإنجاز هذه الأعمال/ المهام			متطلبات أداء هذه الأعمال/ المهام (*)	درجة الأولوية	الأعمال	م
		فريقي	جماعي	فردي				
								1
								2
								3
								4
								5
								6
								7
								8
								9
								10
								11
								12
								13
								14
								15
								17
								18
								19
								20

(*) مع محاولة ترتيب هذه الأعمال المهام حسب مصفوفة إدارة الوقت السابق شرحها في الفصل الخامس.

نموذج تحليل مضيعات الوقت خلال أسبوع

من / / إلى / /

كيفية تجنب ذلك في المستقبل	الشخص المسئول عن إضاعة الوقت	عدد مرات تكراره	كمية الوقت الضائع	مضيع الوقت	م
					1
					2
					3
					4
					5
					6
					7
					8
					9
					10
					11
					12
					13
					14
					15
					16
					17
					18
					19
					20

ثانياً: مهارة التخطيط

التخطيط Planning يعتبر أحد التكنيكات الهامة والرئيسية لإدارة الوقت بشكل رشيد، واستخدامه بشكل متوازن بين جميع مراحل التخطيط.

إن أحد عوامل نجاح أي خطة هو تحديد الجدول الزمني والتوقيتات المناسبة لإنجاز الأعمال المطلوبة تحت مظلة الخطة، ويقال أنه كلما زادت فترة التخطيط لإنجاز مهمة معنية، كلما قلت فترة التنفيذ، مما يؤدي بدوره إلى توفير الوقت.

إن «الفشل في التخطيط.. هو التخطيط للفشل». ولا يغرب عن بال أحد أهمية التخطيط للمهام والمشروعات كافة.

إن التخطيط Planning مهم جداً للإنسان، وهو عكس العشوائية والعفوية والارتجال وعدم النظام. استخدم الإنسان منذ نشأته أسلوب التخطيط للتغلب على مشكلة الموارد المحدودة أمام الحاجات المتعددة.

ولعل أول تجربة للتخطيط تناقلها التاريخ تلك التي قام بها سيدنا يوسف عليه السلام في تفسير حلم فرعون مصر، وتوزيعه للمحصول بين سنين العجاف وسنين الرواج. فالتخطيط هو بوصلة تحديد الاتجاه المرغوب والمرسوم، لإنجاح الأعمال والإنجازات، وهو الدليل نحو المستقبل، وصولاً إلى الأهداف المطلوبة.

إن التخطيط عملية مقصودة وواقعية تتضمن إحداث حالة من التوازن بين عناصر ثلاثة هي: الهدف، الموارد والزمن، عن طريق محاولة الوصول إلى أقصى درجات الهدف، بأفضل استخدام للموارد، وفي أقصر وقت مستطاع.. مما يعني أن التخطيط عملية تتضمن توقع الأحداث المستقبلية والعمل على الاستعداد لها، وبالتالي يكون عنصر الزمن في مصلحتنا، بدلاً من إتباع أسلوب الانتظار والملاحظة والذي يكون فيه عنصر الزمن في مصلحة المشكلات.

عرف (ألفرد كان Alfred Kahn) بعداً آخر للتخطيط فيعرفه على أنه: «عملية اختيـار السياسة والبرمجة في ضوء الحقائق والتصور الدينامية لموضوع التخطيط (طبيعي/ اجتماعي/ اقتصادي) مع مراعاة قيم المجتمع وذلك لتحقيق أهداف محددة »

أيضاً عرفه (جلبريت وسبكت Gilbert & Spect) التخطيط على أنه «المحاولـة الواعيـة لحل المشكلات، التحكم في مسار أحداث المستقبل من خلال البصيرة والتنبؤ، والتفكير المـنظم والاستقصاء، على أن يؤخذ في الاعتبار عنصر القيم عند الاختيار من بين البدائل».

ويرى (إم ريتشارد M. Richard) أن التخطيط «عملية عقلية للمواءمـة بـين المـوارد والاحتياجات، واختيار أفضل مسار للفعل من بين مسارات بديلة، ووضع ذلك في شكل خطـة وميزانية لتحقيق أهداف محددة في المستقبل »

كذلك يمكن تعريف التخطيط بأنه عملية التنبؤ بالمستقبل والاستعداد له. فالتخطيط في أبسط صورة هو العمل أو الإجراء الذي يجيب عن الأسئلة التالية:

● ماذا؟

● لماذا؟

● كيف؟

● من؟

● أين؟

● متى؟

1- ما هو العمل المطلوب؟ What : وهذا يعنـي إلمـام إدارة التـدريب بعملهـا وإلمـام كـل عضو فيها بعمله.

2- لماذا نقوم بهذا العمل؟ Why : أي ما هو الهدف منه

3- كيف نقوم بهذا العمل؟ How : ومعناه تحديد برنامج زمني لتنفيذ البرامج التدريبية في مواقيتها، واختيار أحسن الوسائل والإمكانات اللازمة لتنفيذ هذه البرامج.

4- من يقوم بهذا العمل؟ Who: أي ربط كل عضو بعمل معين فتكون له فيه اختصاصات ومسئوليات.

5- أين ومتى يؤدي هذا العمل When & Where: أي تحديد زمان ومكان كل برنامج تدريبي.

إذا أردت أن تعرف إن كنت تخطط لمستقبلك، أجب عن الاستقصاء الآتي بكل صراحة.

الاستقصاء:

أجب عن الأسئلة بـ «نعم» أو «أحياناً» أو «لا».

1- هل أعددت خطة أو برنامجاً مبدئياً للأشياء لما ستقوم به الشهر المقبل؟

نعــم ❏   أحياناً ❏   لا ❏

2- هل أعددت خطة أو برنامجاً مبدئياً لكيفية قضاء الإجازة الصيفية المقبلة؟

نعـم ❏   أحياناً ❏   لا ❏

3- هل تضع أولويات لأهدافك في الحياة؟

نعـم ❏   أحياناً ❏   لا ❏

4- هل تضع أولويات للأعمال التي يجب أن تقوم بها في عملك؟

نعـم ❏   أحياناً ❏   لا ❏

5- وأنت طالب، أو عندما كنت طالباً، هل كنت تضع جدولاً للمذاكرة؟

نعـم ❏   أحياناً ❏   لا ❏

6- هل ترفض المثل القائل: أصرف ما في الجيب، يأتيك ما في الغيب؟

نعـم ❏   أحياناً ❏   لا ❏

7- هل تضع ميزانية لنفسك؟

نعــم ☐   أحياناً ☐   لا ☐

8- هل تضع أو تشارك في وضع ميزانية لأسرتك؟

نعــم ☐   أحياناً ☐   لا ☐

9- هل تدخر جزءاً من دخلك للزمن؟

نعــم ☐   أحياناً ☐   لا ☐

10- هل تتصدق على الفقراء والمساكين؟

نعــم ☐   أحياناً ☐   لا ☐

11- هل تجتهد في عملك وتقوم به على خير وجه؟

نعــم ☐   أحياناً ☐   لا ☐

12- هل تهتم بمسألة تربية الأبناء التربية السليمة؟

نعــم ☐   أحياناً ☐   لا ☐

13- هل الوقت لديك مورد مهم وثمين وتقدر قيمته؟

نعــم ☐   أحياناً ☐   لا ☐

14- عندما تقابلك مشكلة، هل تفكر فيها بهدوء، وتحاول حلها بشكل علمي سليم؟

نعــم ☐   أحياناً ☐   لا ☐

15- هل أنت مشترك في نظام التأمينات الاجتماعية؟

نعــم ☐   أحياناً ☐   لا ☐

16- هل أنت مشترك في نظام التأمين الصحي؟

نعــم ☐   أحياناً ☐   لا ☐

17- هل تشتري في أول كل سنة مفكرة أو مخططاً للعام الجديد؟

نعــم ☐   أحياناً ☐   لا ☐

18- عند تحقيق هدف معين أو إنجاز عمل معين، هل تجمع البيانات والمعلومات اللازمة والمرتبطة؟

نعــم ☐   أحياناً ☐   لا ☐

التعليمات:

1- أعط لنفسك درجتان في حالة الإجابة بـ «نعم».

2- أعط لنفسك درجة واحدة في حالة الإجابة بـ «أحياناً».

3- أعط لنفسك صفر في حالة الإجابة بـ «لا».

4- أجمع درجاتك عن جميع الأسئلة.

تفسير النتائج:

أ - إذا حصلت على 25 درجة فأكثر، فأنت شخص تخطط لمستقبلك بدرجة كبيرة.

ب- إذا حصلت على 13-24 درجات فأنت شخص تخطط لمستقبلك بدرجة متوسطة، بحيث تخطط في بعض الأمور، ولا تخطط في أمور أخرى. ننصحك بأن تعمم مهارتك في التخطيط على جميع الأمور.

ج- إذا حصلت على 12 درجة فأقل، فأنت شخص لا تخطط لمستقبلك. ليس لديك مهارات التخطيط. حياتك تتصف بالعشوائية والعفوية وعدم النظام والتخبط.

ننصحك بأن تشترك في دورة تدريبية أو أكثر عن مهارات التخطيط، وأن تقرأ بعض الكتب التي تتناول موضوع التخطيط وأهميته.

ثالثاً: مهارة الاتصال

تقدير مهاراتك في الاتصال بالآخرين

تمثل عملية الاتصال Communication حاجة اجتماعية أساسية للإنسان، وهي عملية رئيسية لتفاعل الأفراد والجماعات والمجتمعات والحضارات مع بعضها البعض.

والاتصال هو عملية إرسال واستقبال للمعلومـات والأفكار والآراء (رسالة) بـين طرفين (مرسل ومستقبل)، وهذا يشير إلى التفاعل والمشاركة بينهما حول معلومة أو فكـرة أو رأي أو اتجاه أو سلوك أو خبرة معينة.

وكلمة الاتصال مشتقة مـن الفعل Communicate وهـي تعني يشيـع عـن طريق المشاركة، وهناك من يرى أن كلمة الاتصال ترجع إلى الكلمة اللاتينية Communism وتعني Common أي مشترك أو عام.

وفي الحالتين نجد أن كلمة الاتصال مرتبطة بمعنى المشاركة والتفاعل المتبادل بين طرفين، ويمكن أن نحدد بشكل عام أهداف الاتصال في الآتي:

1- الإعلام.

2- الإقناع.

3- الترفيه.

والملاحظ لأي عملية اتصال تحدث، فإنه سـوف يجـد أن عمليـة الاتصال الواحـدة قـد تجمع بين أكثر من هدف من الأهداف السابقة. فاتصال الرئيس بمرؤوسيه عـلى سـبيل المثال هدفه إعلام وإقناع المرؤوسين بالقرارات والمعلومات.

وهناك عدد من الوصايا لتحقيق الاتصال الجيد نذكر منها:

1- حدد أهدافك بوضوح من عملية الاتصال.

2- حدد بدقة إلى من تتحدث (المستقبل).

3- قم بإعداد الرسالة بشكل سليم وكامل.

4- اختر الوسيلة المناسبة لعملية الاتصال.

5- ليكن اتصالك وجهاً لوجه لتفادي سوء الفهم.

6- استخدام لغة بسيطة وواضحة.

7- لاحظ لغة الجسم Body Language لدى المستقبل.

8- تابع ردود أفعال المستقبل.

ولقـد أشـارت بعـض الدراسـات أن الإنسـان يـقضي مـن 70 إلى 85% مـن وقتـه في الاتصـال بالآخرين، إما عن طريق:

- الإنصات للآخرين   Listening.
- الحديث مع الآخرين   Talking.
- القراءة   Reading.
- الكتابة   Writing.

كذلك يقضي الإنسان   45% من زمن الاتصال في الإنصات للآخرين.

و 30% من زمن الاتصال في الحديث مع الآخرين.

و 16% من زمن الاتصال في القراءة.

و 9 % من زمن الاتصال في الكتابة.

هذا، ويعد استخدام الوقت والتوقيت المناسب من العوامل الهامـة في عمليـة الاتصـال، ويذكر برنت روبن في كتابه «الاتصـال والسـلوك الإنسـاني Communication & Human Bahavior» أن ردود الفعل لكلماتنا وأعمالنا عمومـاً تعتمـد عـلى توقيـت كلامنا أكـثر مـما تعتمد على طبيعة مضمون الفعل ذاته. لذا فإن اختيار التوقيت المناسب لتقـديم الاقتراحـات أو عقد الاجتماعات يلعب دوراً كبيراً في تقبل الآخرين لأفكارك وتفاعلهم معـك في مثـل تلـك الاجتماعات.

ويشير عبدالله بن عبدالكريم إلى أن التأخير عـن حضـور المواعيـد وعـدم الالتـزام بهـا يولد انطباعاً سيئاً عن الشخص، أما الالتزام بالحضور في المواعيد، فيـدل عـلى جديـة الشـخص واحترامه لنفسه وللآخرين.

الاستقصاء:

من فضلك أجب عن الأسئلة التالية بصراحة وصدق :

1- أستطيع أن أحدد أهداف اتصالي مع الآخرين.

نعم ☐ إلى حد ما ☐ لا ☐

2- أستطيع أن أدرس خصائص المستقبل للرسالة

نعم ☐ إلى حد ما ☐ لا ☐

3- أستطيع إعداد الرسالة المناسبة المراد إرسالها.

نعم ☐ إلى حد ما ☐ لا ☐

4- أستطيع اختيار الوسيلة المناسبة للاتصال بالآخرين.

نعم ☐ إلى حد ما ☐ لا ☐

5- أستطيع التحدث مع الآخرين بثقة.

نعم ☐ إلى حد ما ☐ لا ☐

6- أرحب بتساؤلات واستفسارات الآخرين.

نعم ☐ إلى حد ما ☐ لا ☐

7- أهتم بردود الأفعال عند اتصالي بالآخرين.

نعم ☐ إلى حد ما ☐ لا ☐

8- أراعي قواعد الكتابة الجيدة عند كتابة الخطابات والتقارير.

نعم ☐ إلى حد ما ☐ لا ☐

9- أسجل الملاحظات والمعلومات الهامة عند مناقشة الموضوعات الهامة مع الآخرين.

نعم ☐ إلى حد ما ☐ لا ☐

10- استخدم وسائل الاتصال الإلكترونية الحديثة (مثل : الفاكس والحاسب الآلي) المتاحة في المنشأة التي أعمل بها.

نعم ❑ إلى حد ما ❑ لا ❑

11- أفضل الاتصال المباشر وجهاً لوجه عن الاتصال غير المباشر مع الآخرين (مثل الخطابات والتقارير).

نعم ❑ إلى حد ما ❑ لا ❑

12- أخطط للأحداث المهمة مثل المؤتمرات بمستوى عال من الكفاءة والفعالية.

نعم ❑ إلى حد ما ❑ لا ❑

13- أؤمن بسياسة الباب المفتوح في الاتصال بالآخرين وفي اتصالهم بي.

نعم ❑ إلى حد ما ❑ لا ❑

14- في عملي أرفع شعار الإدارة على المكشوف أو الإدارة المفتوحة .

نعم ❑ إلى حد ما ❑ لا ❑

15- أفهم كثيراً من الأمور من خلال ملاحظة لغة الجسم أو الجسد Body Language لدى الآخرين.

نعم ❑ إلى حد ما ❑ لا ❑

التعليمات :

1- أعط لنفسك درجتين في حالة الإجابة بـ «نعم» عن أي سؤال.

2- أعط لنفسك درجة واحدة في حالة الإجابة بـ «إلى حد ما» عن أي سؤال.

3- أعط لنفسك صفر في حالة الإجابة بـ «لا» عن أي سؤال .

4- أجمع درجاتك عن جميع الأسئلة.

تفسير النتائج :

أ - إذا حصلت على 24 درجة فأكثر فأنت ذو مهارة مرتفعة في عملية الاتصال بالآخرين. ننصحك بالاستمرار على هذا المستوى.

ب- إذا حصلت على17-23 درجة فإن مهارة الاتصال لديك متوسطة حاول تحسينها.

ج- إذا حصلت على 16 درجة فأقل فإن مهارة الاتصال لديك ذات مستوى منخفض. عليك أن تحدد نقاط ضعفك وأن تستفيد من الوصايا السابق الإشارة إليها.

رابعاً: مهارة الإشراف

الإشراف Supervision عبارة عن الجهود التي يبذلها المشرف أو رئيس العمل لمساعدة المرؤوسين على التغلب على ما يواجههم من مشكلات أثناء العمل، وعلى أداء وظائفهم على نحو أفضل.

أي أن الإشراف «علاقة مهنية وظيفية بين مشرف تتوافر له عادة الخبرة والمعرفة والمهارة وبين مشرف عليه أو مشرف عليهم إلى تحمل مسئوليات وظائفهم بأعلى مستوى كفاءة ممكن وتحقيق النمو المهني المستمر لهم».

وكما يفعل مدرب كرة القدم، فإن المشرف أو رئيس العمل يراقب أعضاء فريقه، ويعرفهم جيداً، ويساعدهم على مساعدة أنفسهم، ويجعلهم يوظفون أفضل ما لديهم من إمكانات.

فعلى سبيل المثال، فإنه يمكن التغلب على نقاط الضغط في الأداء عن طريق الإشراف والتوجيه الذي يقوم به المشرف أثناء العمل.

كذلك يمكن حل معظم المشكلات الكبيرة مع المرؤوسين بالتوجيه السليم، كما يمكن القضاء على المشكلات الصغيرة قبل أن تستفحل. فيمكن أثناء الإشراف علاج مشكلات كالإهمال والتراخي في التنفيذ وكثرة الغياب والعناد وغيرها، وذلك بالتوجيه لا بالتأنيب.

وبالتالي يمكن أن نقول أن ممارسة الإشراف الفعّال يحقق توفيراً لوقت كل مـن المشرف والمشرف عليهم، وأداة مساعدة لتدريب المشرف عليهم على حسن إدارتهم لوقتهم.

والغرض من هذا الاستقصاء هو مساعدتك على تحديد ما لديك من نقاط قوة أو ضعف كمشرف أو موجه.

هل أنت مشرف ممتاز؟

الاستقصاء:

1- مـا مـدى قدرتك على مناقشـة مرؤوسيك في نـواحي الأداء التي يجب عليهم تطويرها وتحسينها؟

☐ قدرة كبيرة   ☐ قدرة متوسطة   ☐ قدرة ضعيفة

2- ما مدى قدرتك على تشجيع مرؤوسيك على التحدث معك حول مشكلات العمل، عنـدما يترددون أو يرغبون في مناقشتها؟

☐ قدرة كبيرة   ☐ قدرة متوسطة   ☐ قدرة ضعيفة

3- ما مدى قدرتك في مساعدة مرؤوسيك على تحديد أسباب المشكلات التي تـواجههم في العمل؟

☐ قدرة كبيرة   ☐ قدرة متوسطة   ☐ قدرة ضعيفة

4- ما مدى قدرتك في مساعدة مرؤوسيك على حل المشكلات التي تواجههم في العمل؟

☐ قدرة كبيرة   ☐ قدرة متوسطة   ☐ قدرة ضعيفة

5- ما مدى قدرتك في مساعدة مرؤوسيك على اتخاذ القرارات؟

☐ قدرة كبيرة   ☐ قدرة متوسطة   ☐ قدرة ضعيفة

6-   ما مدى قدرتك في أن تصبح حازماً عندما يستدعي الموقف ذلك؟

☐ قدرة كبيرة   ☐ قدرة متوسطة   ☐ قدرة ضعيفة

7-   ما مدى قدرتك في إقناع مرؤوسيك بدون اللجوء إلى التهديد الصريح أو الضمني؟

☐ قدرة كبيرة   ☐ قدرة متوسطة   ☐ قدرة ضعيفة

8-   ما مدى قدرتك على مساعدة مرؤوسيك الذين يعانون من مشكلات خاصة كالإدمان أو مشكلات عائلية أو التوتر؟

☐ قدرة كبيرة   ☐ قدرة متوسطة   ☐ قدرة ضعيفة

9-   ما مدى قدرتك على مساعدة مرؤوسيك على إنجاز أهداف العمل وفق الجدول الزمني المحدد؟

☐ قدرة كبيرة   ☐ قدرة متوسطة   ☐ قدرة ضعيفة

10-   ما مدى قدرتك على عدم جعل روتين العمل اليومي يشغلك عن تدريب وتوجيه مرؤوسيك.

☐ قدرة كبيرة   ☐ قدرة متوسطة   ☐ قدرة ضعيفة

11-   ما مدى قدرتك على اتخاذ القرارات دون التحيز القائم على أساس السن أو الجنس أو اللون أو الأصل أو الدين أو العلاقة الشخصية؟

☐ قدرة كبيرة   ☐ قدرة متوسطة   ☐ قدرة ضعيفة

التعليمات:

1-   أعط لنفسك 3 درجات في حالة الإجابة قدرة كبيرة، ودرجتين في حالة الإجابة قدرة متوسطة، ودرجة واحدة في حالة الإجابة قدرة ضعيفة.

2-   اجمع درجاتك عن جميع الأسئلة.

تفسير النتائج:

أ - في حالة الحصول على 23 درجة فأكثر فأنت مشرف ممتاز، أنت تفهم المعنى السليم للإشراف وتطبقه في العمل. سوف تنجح في إدارة مرؤوسيك، وتحقق الأهداف المطلوبة منكم.

ب - أما إذا حصلت على 12 - 22 فأنت مشرف جيد. أحياناً تطبق المعنى السليم للإشراف وتقدم التوجيه والمساعدة لمرؤوسيك. وأحياناً أخرى تنسى ذلك. وتمارس الإشراف كنوع من السلطة والرقابة وتصيد الأخطاء، حاول أن تتغلب على نفسك في حبها للسلطة.

ج- وإذا حصلت على 11 درجة فأقل فأنت ذو قدرة إشرافية ضعيفة. يجب عليك أن تعرف أن الإشراف الفعّال هو توجيه المرؤوسين وتدريبهم وتنمية مهاراتهم وقدراتهم لأداء العمل بشكل أفضل. ننصحك بأن تشترك في أكثر من برنامج تدريبي عن الإشراف والتوجيه وفن قيادة الآخرين.

خامساً: مهارة التفويض

تفويض Delegation السلطة من المبادئ الأساسية المعروفة في الإدارة الناجحة وهو يعني ببساطة شديدة التنازل عن جزء من سلطات المدير للمرؤوسين لإنجاز بعض الأعمال، والتفرغ إلى الأعمال الإدارية الأساسية.

بمعنى أن التفويض هو عملية نقل لبعض المهام من فرد أو جماعة معينة إلى فرد أو جماعة أخرى لممارسة العمل واتخاذ القرارات اللازمة لبلوغ الأهداف المحددة، كما أنه يعني في نفس الوقت أداء جزء من عمل المدير بواسطة مساعديه.

ويجب الإشارة في هذا السياق إلى نقطة هامة ألا وهي أن التفويض يكون للسلطة Authority وليس للمسئولية Responsibility. بمعنى أن عملية التفويض لا تؤدي إلى إلغاء المسئولية، فيظل المدير هو المسئول النهائي عن أداء مرؤوسيه ونتائج أعمالهم، كما أن المرؤوسين مسئولين عن نتائج أعمالهم المكلفين بها أمام رئيسهم.

● يلاحظ أن لكل مستوى من المستويات القيادية في أي منظمة سلطاته. والتنظيم يقتضي تفويض بعض السلطات إلى المستويات الأدنى كل حسب قدراته وميوله واستعداداته لذلك، بالإضافة إلى معرفة حدود السلطة بين كل مرحلة وأخرى من مراحل التسلسل القيادي.

● تفويض المهام يعطي المديرين الفرصة والوقت الكافي لعمل الخطط والتركيز على الوصول إلى الأهداف بعيدة المدى. ولقد أثبتت البحوث والدراسات أن المدير الذي يحتفظ بجميع السلطات في يده قد يقضي ما يزيد على 75% من وقته في القيام بأعمال يمكن أداؤها بواسطة مرءوسيه، في حين أن تفويض بعض هذه السلطات تمكن نفس المدير من قضاء ما يقرب من 75% من وقته في أداء الأعمال الهامة المتصلة بوظيفته.

● بعض المديرين لا يفوضوا الآخرين ليكون لهم تحكم كامل في المنظمة، أو لتصورهم أن التفويض يضعف سلطاتهم ونفوذهم، أو لافتقادهم الثقة في المرؤوسين.

● تفويض السلطة للآخرين هو أحد الأساليب الفعّالة في الإدارة الفعالة للوقت، فتفويض المرؤوسين في اتخاذ بعض القرارات وفي الأمور التي تتعلق بأعمالهم يوفر كثير من الوقت لديك، ويساعدك على التركيز على الأمور الهامة، ويقلل من تردد المرؤوسين عليك. إلا أن الفشل في التفويض بالطبع يترتب عليه العديد من النتائج الهامة التي تمتد أبعد بكثير من قضية تضييع الوقت. وبالطبع فإن عملية تفويض السلطة يجب أن تكون بطريقة حكيمة كما سنوضح ذلك لاحقا.

مبادئ التفويض الفعال

يمكن تحديد أهم مبادئ التفويض الفعال كالتالي:

1- ثق في مرؤوسيك.

2- تأكد من وضوح خطوط السلطة.

3- فوض النتيجة النهائية وليس بطريقة العمل.

4- أشرك مرؤوسيك في عملية التفويض.

5- اختر الشخص المناسب أو الأشخاص المناسبين.

6- لا تفوض إلا لمن لديه الاستعداد والرغبة والقدرة على تحمل مسئوليات اتخاذ القرار.

7- اشرح المهمة التي يراد تفويضها إلى الآخرين بشكل واضح ومفصل.

تصنيف المهام:

عليك أن تصنف المهام المطلوب إنجازها إلى الفئات التالية:

1- مهام يمكن القيام بها.

2- مهام يمكن القيام بها بمساعدة الآخرين.

3- مهام يمكن القيام بها، ويمكن للآخرين القيام بها إذا أعطوا الفرصة.

4- مهام يمكن أن يقوم بها الآخرين، ويمكنك المساعدة عند الحاجة.

5- مهام يجب أن يقوم بها الآخرين.

Targeted Delegation

List here one aspect of your work that fits each of the descriptions above.

1- I must do it

2- I should do it, but others can help.

3- I can do it, but others will, if I give them the chance

4- Others should do it, but I can help if necessary.

5- Others must do it

استقصاء

تقدير قدراتك التفويضية

المطلوب منك تقييم أدائك التفويضي بالإجابة عن الأسئلة التالية. وأختر الإجابة التي تعبر بصدق عن مستوى خبراتك. كن صادقاً في اختياراتك إلى أقصى درجة. فإذا كانت إجابتك بـ"لا" فاختر الإجابة رقم (1) وإذا كانت دائما فاختر رقم (4)، وهكذا ، ثم اجمع إجابتك معاً ، ولاحظ مجموع الدرجات التي حصلت عليها وحدد أي المجالات لديك تحتاج للتطوير.

الخيارات: ① لا ② أحياناً ③ غالباً ④ دائماً

1- أثق في الآخرين للعمل بفعالية، لأني اخترتهم خصيصاً لذلك.

❑ ① لا ❑ ② أحياناً ❑ ③ غالباً ❑ ④ دائماً

2- لدي الوقت الكافي للتخطيط والتدريب والتوجيه.

❑ ① لا ❑ ② أحياناً ❑ ③ غالباً ❑ ④ دائماً

3- لدي ولاء كبير للهيئة المعاونة لي، وأشعر أنهم يبادلوني نفس الشعور.

❑ ① لا ❑ ② أحياناً ❑ ③ غالباً ❑ ④ دائماً

4- أساهم في تقديم مهارات المفوض إليهم التابعين لي بدون التدخل الدائم في عملهم.

❑ ① لا ❑ ② أحياناً ❑ ③ غالباً ❑ ④ دائماً

5- أمد الهيئة المساعدة لي بكافة المعلومات وفي أي وقت وأي مكان.

❑ ① لا ❑ ② أحياناً ❑ ③ غالباً ❑ ④ دائماً

6- أنا أحاول القيام بالأعمال التي يجب علىّ القيام بها- وأفوض الأعمال الأخرى إلى المعاونين لي.

❑ ① لا ❑ ② أحياناً ❑ ③ غالباً ❑ ④ دائماً

7- أضع ضمن أولوياتي تخصيص جزء من وقتي لإدارة الأفراد.

☐① لا   ☐② أحياناً   ☐③ غالباً   ☐④ دائماً

8- أعطي عناية كبيرة لهيكلة عملية التفويض وتقييمها.

☐① لا   ☐② أحياناً   ☐③ غالباً   ☐④ دائماً

9- أتعامل مع المعاونين لي بالمساواة فيما بينهم من جهة، وبيني وبينهم من جهة أخرى عندما يبذلون أي جهد.

☐① لا   ☐② أحياناً   ☐③ غالباً   ☐④ دائماً

10- أؤكد على أن المفوض إليهم يجب أن يفهموا جيداً حدود مساءلتهم.

☐① لا   ☐② أحياناً   ☐③ غالباً   ☐④ دائماً

11- أراعي عدم تحميل المفوض إليهم بمسئوليات تفوق قدراتهم.

☐① لا   ☐② أحياناً   ☐③ غالباً   ☐④ دائماً

12- أنا قدر على استبدال مفوض إليه بآخر بسرعة إذا كانت هناك ضرورة لذلك.

☐① لا   ☐② أحياناً   ☐③ غالباً   ☐④ دائماً

13- أنا دائماً أقيم معاوني بالنظر إلى خصائصهم واتجاهاتهم الإيجابية والسلبية.

☐① لا   ☐② أحياناً   ☐③ غالباً   ☐④ دائماً

14- أنا أختار الشخص المناسب للعمل المناسب، بغض النظر عن السن أو الخبرة أو العلاقة الشخصية معه.

☐① لا   ☐② أحياناً   ☐③ غالباً   ☐④ دائماً

15- في عملية التخطيط المبدئي أو التفصيلي أراعي متطلبات المفوض إليهم واحتياجاتهم.

☐① لا   ☐② أحياناً   ☐③ غالباً   ☐④ دائماً

16- أركز على وجود تعاون وثيق بيني وبين المفوض إليهم، وأوفر لهم مطالبهم عندما يحتاجون إليها.

☐ ① لا   ☐ ② أحياناً   ☐ ③ غالباً   ☐ ④ دائماً

17- أشجع المفوض إليهم على المبادأة بالحلول المناسبة عندما تواجههم مشكلات.

☐ ① لا   ☐ ② أحياناً   ☐ ③ غالباً   ☐ ④ دائماً

18- لا ألوم شخصاً معيناً عندما يفشل في محاولته لتجربة شيء جديد.

☐ ① لا   ☐ ② أحياناً   ☐ ③ غالباً   ☐ ④ دائماً

19- أنا أقيس أداء جميع المفوض إليهم بالتركيز على مؤشرات مهمة.

☐ ① لا   ☐ ② أحياناً   ☐ ③ غالباً   ☐ ④ دائماً

20- أتأكد من أن جميع العمليات التي أقوم بتفويضها صالحة للتفويض، ويتم تعديلها إذا كانت هناك حاجة لك.

☐ ① لا   ☐ ② أحياناً   ☐ ③ غالباً   ☐ ④ دائماً

21- أمد المفوض إليهم بمعلومات مرتدة إيجابية في جميع الأوقات.

☐ ① لا   ☐ ② أحياناً   ☐ ③ غالباً   ☐ ④ دائماً

22- عادة استخدم مفكرة عندما أراجع تقدم المفوض إليه أو فريق التفويض.

☐ ① لا   ☐ ② أحياناً   ☐ ③ غالباً   ☐ ④ دائماً

23- عادة ما انتقي الشخص الذي أفوض إليه، وكذلك أنتقي المهمة المفوضة.

☐ ① لا   ☐ ② أحياناً   ☐ ③ غالباً   ☐ ④ دائماً

24- عادة أجد الوقت لمتابعة عملية التفويض والتعامل مع أي مشاكل يواجهونها.

☐ ① لا   ☐ ② أحياناً   ☐ ③ غالباً   ☐ ④ دائماً

25- عادة ما أهتم بجميع المتغيرات قبل أن أقرر تفويض العمل.

❑ ① لا ❑ ② أحياناً ❑ ③ غالباً ❑ ④ دائماً

26- عادة ما أقدر الأداء المميز لفريق التفويض أو للمفوض إليه.

❑ ① لا ❑ ② أحياناً ❑ ③ غالباً ❑ ④ دائماً

27- أنتهز الفرصة للثناء على الأداء الناجح للمفوض إليهم كلما سنحت الفرصة.

❑ ① لا ❑ ② أحياناً ❑ ③ غالباً ❑ ④ دائماً

28- إذا ما ارتكبت خطأ، فأنا أتحمل مسئوليته مباشرة ولا ألقي المسئولية على الآخرين.

❑ ① لا ❑ ② أحياناً ❑ ③ غالباً ❑ ④ دائماً

29- أتصرف بسرعة إذا كانت هناك ضرورة لتغيير الفريق المفوض إليه.

❑ ① لا ❑ ② أحياناً ❑ ③ غالباً ❑ ④ دائماً

30- أحلل التصرفات لاكتشاف الأخطاء وتعلم الدروس، واكتساب الخبرات وتحديد أسباب النجاح والفشل.

❑ ① لا ❑ ② أحياناً ❑ ③ غالباً ❑ ④ دائماً

31- أسأل دائماً عن المعلومات المرتدة من الموظفين، وأعيد التصرف بإيجابية وفقاً لها.

❑ ① لا ❑ ② أحياناً ❑ ③ غالباً ❑ ④ دائماً

32- أستخلص من تجارب الفشل دروساً مهمة لعمليات التفويض المستقبلية.

❑ ① لا ❑ ② أحياناً ❑ ③ غالباً ❑ ④ دائماً

التحليل

بعد أن تكون قد استكملت الإجابة على عبارات الاستقصاء، اجمع الدرجات التي حصلت عليها، وراجع أدائك بقراءة هذا التقييم، وحدد نقاط الضعف في

مهاراتك التفويضية، ثم أرجع إلى قراءة الجزء من هـذا الكتـاب الـذي تعـاني فيـه مـن قصور لعلاجه - من هذا الكتاب- وبالتالي تحسين قدراته الإدارية.

● 32-64 أنت لا تفوض حقيقة، وهذا لا يتناسب مـع عملك كمـدير، فـما عليـك إلا أن تجاهد لتنمية قدرتك على التفويض في الحال.

● 64-95 لديك مهارات تفويضية مناسبة. ولكن توجد فجوة في أدائك التفويضي تحتاج إلى تعديل، وبالتالي تحتاج إلى التوسـع في التفويض، وتعطي المفـوض إلـيهم مزيداً مـن الحرية في القيام بالأعباء المفوضة.

● 96-128 أنت مفوض فعّال وتهتم بالتغذية العكسية في الاتجاهين، ولكن هنـاك بعـض القصور، اكتشفه بنفسك، وحاول علاجه. والدرجة القصوى لهذا الاستقصاء هـي حصولك على 128 درجة.

سادساً: مهارة إدارة الاجتماعات

تستهلك الاجتماعات Meetings جزءً كبيراً مـن وقـت المـديرين والعـاملين في كثـير مـن المنظمات. والمدير الناجح يستطيع أن يـوفر كثـير مـن الوقـت عنـدما يـدير هـذه الاجتماعـات بالشكل السليم والمهني، وعندما يتجنب مضيعات الوقت المرتبطة بمراحل إدارة الاجتماعـات (قبل الاجتماع/ أثناء الاجتماع/ بعد الاجتماع)

كذلك يمكن للمدير الناجح أن يتجنب حضور الاجتماعات غير الهامة والاجتماعات التمهيدية (التي تهدف إلى التشاور وتبادل وجهات النظر وليس لاتخـاذ قـرارات نهائيـة) أو ينيـب عنـه موظفاً آخر.

ويمكن إضافة النقاط التالية التي يمكن أن توفر كثير مـن الوقـت الـذي غالبـاً مـا يهـدر أثناء عقد الاجتماعات:

1- محاولة بدء الاجتماع في الموعد المحدد.

2- تذكير الأعضاء بالوقت المخصص لكل بند من بنود جدول الأعمال.

3- محاولة أن ينبه الأعضاء بالالتزام بالأطر الزمنية لموضوع جدول الأعمال، ويمكن أن ننصح ميقاتي الاجتماع بوضع ساعة يد أو ساعة حائط في موقع بارز لتمكينه من مراقبة الوقت باستمرار.

4- التأكيد على عدم حصول أحد الأعضاء أو أكثر وقت أكبر من اللازم عند عرض وجهات نظرهم على حساب وقت زملائهم.

5- التنبيه بموعد الراحة.

6- تجميع أعضاء الاجتماع بعد موعد الراحة.

7- التنبيه بقرب موعد انتهاء الاجتماع.

صور إهدار الوقت داخل الاجتماعات:

إن إهدار الوقت داخل الاجتماعات هي جريمة في حق العاملين وعلى حساب مصلحة المنشأة أو الشركة. وتأتي هذه الجريمة في صورة مختلفة. ترى هل أنت على دراية بأية صورة منها؟

ضع علامة (✔) أمام أشكال إهدار الوقت داخل الاجتماعات التي واجهتك من قبل:

☐ بدء الاجتماع مبكراً.

☐ بدء الاجتماع متأخراً.

☐ انتظار مجيء رئيس الاجتماع.

☐ انتظار مجيء بعض أعضاء الاجتماع المهمين.

☐ توقف مسيرة العمل بسبب عقد الاجتماعات.

☐ تعطل مسيرة العمل بسبب عقد الاجتماعات.

☐ زيادة وقت الراحة عن المخطط له.

☐ زيادة وقت الغذاء عن المخطط له.

☐ المكالمات التليفونية الطويلة أثناء الاجتماع.

☐ الأحاديث الجانبية.

☐ التطويل في الخطب.

☐ كثرة المقاطعات.

☐ الخروج عن جدول أعمال الاجتماع.

☐ استمرار بعض الأعضاء الذين تم مناقشة الموضوعات التي تخصهم حتى نهاية الاجتماع.

☐ خروج بعض الأعضاء للتدخين خارج قاعة الاجتماعات.

☐ خروج بعض الأعضاء بسبب استدعائهم من قبل إدارات أخرى.

تمرين:

إذا كانت أي من هذه الصور والأشكال تواجهك أثناء الاجتماعات، مـاذا تفعـل كميقـاتي للاجتماع للحد منها؟

1- ....

2- ....

3- ....

4- ....

5- ....

6- ....

7- ....

استقصاء: تقييم مهاراتك كرئيس الاجتماع

اقرأ كل سؤال من الأسئلة التالية، وأجب بنعم أو أحياناً أو لا وذلك بما يتفق مع سلوكك عندما تكلف بالقيام برئاسة إحدى الاجتماعات.

رقم	الأسئلة	نعم	أحياناً	لا
1	هل تتأكد من ضرورة عقد الاجتماع؟			
2	هل تشرك أعضاء الاجتماع في وضع جدول أعمال الاجتماع؟			
3	هل توزع جدول أعمال قبل الاجتماع بفترة؟			
4	هل تعلم جميع المشاركين بأدوارهم المحددة في الاجتماع (المنسق، السكرتير، الميقاتي....)؟			
5	هل تتأكد من حضور الأعضاء المناسبين للاجتماع؟			
6	هل تتأكد من أن ترتيب المقاعد والطاولات مناسب ويخدم نوعية الاجتماع؟			
7	هل تتأكد من أن مستويات الضوء والحرارة والتهوية ملائمة، مع تقليل مستوى الضوضاء الخارجية التي تشتت الانتباه؟			
8	هل تتأكد من وجود كافة المستلزمات والأجهزة الضرورية قبل الاجتماع؟			
9	هل تبدأ الاجتماع في الوقت المحدد؟			
10	هل ترحب بأعضاء الاجتماع وتجري التعارف بينهم إذا لزم الأمر؟			
11	هل تحرص على أن تكون بشوشاً وهادئاً وحازماً عند الضرورة؟			
12	هل تتأكد من وضوح القواعد الأساسية، درجة المشاركة المطلوبة، والأهداف المحددة؟			

رقم	الأسئلة	نعم	أحياناً	لا
13	هل تنصت كثيراً وتتحدث قليلاً؟			
14	هل تتفادى المقاطعات؟			
15	في الاجتماعات المخصصة لحل المشكلات، هل توضح ماهية المشكلة المطروحة، وتفتح باب النقاش للحلول المقترحة؟			
16	في الاجتماعات التي تتخذ فيها القرارات، هل تسترشد بنموذج صنع القرارات؟			
17	في الاجتماعات التي تتطلب المشاركة، هل تطلب من الجميع المساهمة بدلاً من أن يتفرد قلة من الحاضرين بالكلام؟			
18	هل تتأكد من أن جميع بنود جدول الأعمال تم عرضها ومناقشتها؟			
19	هل تواجه أن تتعامل مع الكلام الهامشي والمجابهات الشخصية والصراعات بشكل فعال؟			
20	هل تحرص على استمرار الاجتماع داخل الإطار المحدد له؟			
21	هل تلخص في نهاية الاجتماع ما تم التوصل إليه وما يجب القيام به مستقبلاً من أعمال؟			
22	هل تتأكد من أن محضر الاجتماع قد تضمن النقاط الهامة التي نوقشت؟			
23	هل تراجع محضر الاجتماع؟			
24	هل تحرص على إنهاء الاجتماعات في الموعد المحدد.			
25	هل تبلغ أعضاء الاجتماع بزمان ومكان الاجتماع القادم؟			
26	هل تقيم الاجتماع بهدف تطوير الاجتماعات المستقبلية؟			
27	هل تقوم بتبليغ نتائج الاجتماع على الذين يجب أن يكونوا على علم بها؟			

مهارات إدارة الوقت

رقم	الأسئلة	نعم	أحياناً	لا
28	هل تطمئن على وصول محضر الاجتماع لجميع الأعضاء وإلى الإدارات والأشخاص الذين يهمهم الأمر؟.			

التعليمات:

1- أعط ثلاث درجات لكافة الإجابات التي تكون بنعم.

2- أعط درجتين لكافة الإجابات التي تكون بأحياناً.

3- أعط درجة واحدة لكافة الإجابات التي تكون بـ لا.

4- قارن مجموع درجاتك مع التفسير التالي.

تفسير النتائج:

45- 54 درجة: لديك مهارات ممتازة في قيادة الاجتماعات.

44-35 درجة: لديك مهارات متوسطة في قيادة الاجتماعات.

34 درجة فأقل: تحتاج إلى تطور وتحسين مهاراتك في قيادة الاجتماعات.

الفصل السابع

استقصاءات عن الوقت وإدارة الوقت

أشتمل هذا الفصل على:

📖   هل الوقت لديك من ذهب أم من حديد؟

📖   هل تستفيد من وقتك؟

📖   إدارة الوقت.

📖   الفروض الخاصة بالوقت.

📖   مدى كفاءتك في إدارة الوقت.

📖   كيف تدير وقتك بطريقة جيدة؟

📖   تحديد مستوى إدارتك لوقتك.

📖   هل أنت فعّال في إدارة الوقت.

📖   **Test your time management skills**

استقصاء:

هل الوقت لديك من ذهب أم من حديد؟

يقول العالم صمويل جونسون: «إن فن الحياة الأكبر هو الانتفاع بالوقت أحسن انتفاع وتقديراً لقيمة الوقت». قال العلماء: «الوقت من ذهب أو الوقت مال Time is Money»، والأمثل الشعبية تقول: «الوقت كالسيف إن لم تقطعه قطعك».

يعرف الوقت بأنه مقدار من الزمن قدر لأمر ما، وهو يشير إلى وجود علاقة منطقية لارتباط نشاط أو حدث معين بنشاط أو حدث آخر، ويعبر عنه بصيغة الماضي أو الحاضر أو المستقبل. ولقد تم التعارف على تحديد وحدة قياس الوقت بالساعة أو أجزائها.

ولقد أقسم الله سبحانه وتعالى بأجزاء معينة من الوقت «الليل والنهار والفجر والضحى والعصر» ويتفق المفسرون على أن الله إذا أقسم بشيء من خلقه لذلك ليلفت النظر إليه وينبه الناس على جليل منفعته. يقول الله تعالى. (**إِنَّ فِي خَلْقِ السَّمَاوَاتِ وَالأَرْضِ وَاخْتِلاَفِ اللَّيْلِ وَالنَّهَارِ لآيَاتٍ لِّأُوْلِي الألْبَابِ {190/3}**) (آل عمران: 190).

ويمثل الوقت أحد الموارد Resource المهمة والنادرة لأي إنسان وأية منشأة؛ فهو مورد لا يمكن شراؤه أو استئجاره أو إحلاله أو تخزينه. فضلاً عن كونه أحد مدخلات العمل الإداري ، لهذا يجب الحفاظ عليه، والإحساس بقيمته، والعمل على إدارته بشكل منظم وكفء.

وفي حياة الإنسان مضيعات للوقت Time Wasters كثيرة سواء في حياته الشخصية أو في العمل.

ومن مضيعات الوقت، نذكر:

1- عدد ساعات النوم أكثر من 8 ساعات.

2- المكالمات الهاتفية غير المهمة.

3- الثرثرة والأحاديث غير المفيدة.

4- ألعاب الفيديو الإلكترونية.

5- الزائرون دون موعد سابق.

6- مشاهدة التليفزيون وأفلام الفيديو بشكل أكثر من المطلوب لقتل الوقت.

7- الإهمال.

8- التسويف أو التأجيل، والمثل الإنجليزي يقول «التأجيل لص الزمان».

9- الفوضى في المنزل والشارع والعمل، فالذهن المنظم لا يتجانس مع فوضوية المكان.

10- عدم القدرة على قول «لا» للذين يطلبون جزءًا من وقتك، ويمكن أن تستخدم هذا الوقت في إنجاز أنشطة مهمة.

11- الشعور بالتعب والإرهاق والسرحان.

الاستقصاء:

الاستقصاء الذي بين يديك يحاول أن يساعدك على تقييم قيمة الوقت لديك، حتى تتأكد أن الوقت لديك من ذهب، أم من حديد.

الإجابة بصراحة سوف تساعدك على التعرف على نفسك بصدق فيما يتعلق بموضوع الوقت وكيفية إدارته لديك.

1- هل تنام أكثر من 8 ساعات في اليوم؟

نعم ☐ لا ☐

2- هل تتحدث في الأغلب في كل مكالمة هاتفية مدة طويلة؟

نعم ☐ لا ☐

3- هل تقوم بترتيب الأعمال المطلوبة منك حسب درجة أهميتها؟

نعم ☐ لا ☐

4- هل تؤجل في كثير من الأحيان عمل اليوم إلى الغد؟

نعـم ❑ لا ❑

5- هل تقوم بتخصيص وقت محدد لكل مهمة؟

نعـم ❑ لا ❑

6- هل تجلس أمام التليفزيون مدة طويلة؟

نعـم ❑ لا ❑

7- هل تبذل جهداً في تجنب مضيعات الوقت؟

نعـم ❑ لا ❑

8- هل تعتبر نفسك مسيطراً على الوقت؟

نعـم ❑ لا ❑

9- هل تستطيع أن تقول «لا» للذين يطلبون جزءً من وقتك، ويمكن أن تستخدمه في إنجـاز أنشطة مهمة؟

نعـم ❑ لا ❑

10- هل تعد قائمة بالأعمال الواجب تنفيذها يومياً؟

نعـم ❑ لا ❑

11- هل تشعر بارتياح بالغ عندما تنجز جميع الأعمال المطلوبة منك؟

نعـم ❑ لا ❑

12- هل تلتزم بمواعيد العمل؟

نعـم ❑ لا ❑

13- هل تؤمن بأسلوب فريق العمل؟

نعـم ❑ لا ❑

14- هل تصرف وقتك لمعالجة الأمور البسيطة ولا يتبقى الوقت الكافي لمعالجة المشكلات الرئيسية؟

نعـم ☐   لا ☐

15- هل تعتقد بأن الوقت كالنقود التي يجب صرفها بحكمة؟

نعـم ☐   لا ☐

التعليمات:

1- أعط لنفسك درجة واحدة للإجابة بـ «نعم» عن الأسـئلة الآتيـة: 3، 5، 7، 8، 9، 10،11 ، 12، 13، 14، 15.

2- أعط درجة واحدة للإجابة بـ «لا» عن الأسئلة التالية: 1، 2، 4، 6.

تفسير النتائج:

أ - إذا حصلت على أكثر من 10 درجات فإن لديك شعوراً جيداً نحو قيمة الوقت، وإن كان الوقت يضيع منك في بعض الأحيان.

ب- إذا حصلت على أقل من 5 درجات، فالوقت ليس من حديد، وإنما من ذهب يجب عليك أن تدرك أهمية الوقت والقدرة على إدارته بشكل ناجح.

يقول الرسول صلى الله عليه وسلم: «اغتنم خمساً قبل خمس: حياتك قبل موتك، وصحتك قبل سقمك، وفراغك قبل شغلك، شبابك قبل هرمك، وغناك قبل فقرك» صدق رسول الله صلى الله عليه وسلم.

ويقول العلامة مايكل لبوف إن «إدارة الوقت تعني إدارة نفسك».

أخيراً نقترح عليك عدداً من النصائح أو الوصايا حتى تدير وقتك بنجاح:

1- لا تماطل أو تؤجل عمل اليوم إلى الغد.

2- لا تخف من العمل.

3- اعتبر وقتك جزءً من حياتك.

4- رتب المنزل.

5- رتب مكان العمل.

6- ضع أهدافك بوضوح.

7- حدد الأولويات.

8- لا تضيع وقتك في مشاهدة التليفزيون وأفلام الفيديو وألعاب الفيديو الإلكترونية.

9- لا تضيع وقتك عند النجاح.

10- أحرص على أن يكون مقر عملك بالقرب من منزلك.

11- استيقظ مبكراً ونم مبكراً.

استقصاء

هل تستفيد من وقتك؟

تقديراً لقيمة الوقت تقول الأمثال الشعبية: «الوقت من ذهب»، «الوقت مال»، «الوقت كالسيف إن لم تقطعه قطعك».

ورد في الحديث عن الوقت في القرآن الكريم مرات عديدة، وكلها تشير إلى أهميته في حياة الإنسان. نذكر منها: قال تعالى: (**إِنَّ الصَّلاَةَ كَانَتْ عَلَى الْمُؤْمِنِينَ كِتَابًا مَّوْقُوتًا**) (النساء: 103).

قال تعالى: (**وَلَمَّا جَاء مُوسَى لِمِيقَاتِنَا وَكَلَّمَهُ رَبُّهُ**) (الأعراف: 143).

ويقول الرسول صلى الله عليه وسلم : «اغتنم خمساً قبل خمس: حياتك قبل موتك، وصحتك قبل سقمك، وفراغك قبل شغلك، وشبابك قبل هرمك، وغناك قبل فقرك».

ويمثل الوقت أحد الموارد المهمة والنادرة لأي إنسان وأية منشأة؛ فهو مورد لا يمكن شراؤه أو استئجاره أو إحلاله أو تخزينه. فضلاً عن كونه أحد مدخلات العمل، لهذا يجب الحفاظ عليه، والإحساس بقيمته، والعمل على إدارته بشكل منظم وكفء.

استقصاءات عن الوقت وإدارة الوقت

كل لحظة تمر من عمرنا لا تعوض، ولاشك في أن تقدم أي إنسان أو منشأة أو دولة يكمن في درجة إحساسها بقيمة الوقت والاستفادة المثلى منه.

في الاستقصاء الآتي، يمكنك معرفة هل تستفيد من وقتك، كما ينبغي، أم لا؟

1- هل تعد قائمة بالمهام المطلوبة منك يومياً؟

نعم ❑ أحياناً ❑ لا ❑

2- هل تقوم بترتيب الأعمال المطلوبة منك حسب درجة أهميتها؟

نعم ❑ أحياناً ❑ لا ❑

3- هل تقوم بتخصيص وقت محدد لكل مهمة؟

نعم ❑ أحياناً ❑ لا ❑

4- هل تنجز أعمالك واحداً بعد الآخر؟

نعم ❑ أحياناً ❑ لا ❑

5- هل تقرأ ما يخصك فقط في تقارير ورسائل العمل التي تأتي إليك؟

نعم ❑ أحياناً ❑ لا ❑

6- هل تطلب من زملائك عدم إضاعتهم للوقت؟

نعم ❑ أحياناً ❑ لا ❑

7- هل ترد على المكالمات الهاتفية أثناء انشغالك بعمل مهم؟

نعم ❑ أحياناً ❑ لا ❑

8- هل تستقبل الزائرين بصفة شخصية والأصحاب والمعارف في عملك؟

نعم ❑ أحياناً ❑ لا ❑

9- هل تقرأ الصحف والمجلات أثناء الدوام؟

نعم ❑ أحياناً ❑ لا ❑

10- هل تجري مكالمات هاتفية خاصة أو شخصية أثناء وقت الدوام؟

نعـم ☐ أحياناً ☐ لا ☐

11- هل تضيع وقت العمل في الأحاديث الشخصية مع الزملاء؟

نعـم ☐ أحياناً ☐ لا ☐

12- هل غالباً تؤجل أعمال المراجعين للغد؟

نعـم ☐ أحياناً ☐ لا ☐

13- هل تأتي إلى العمل متأخراً، وتترك العمل مبكراً في نهاية الدوام؟

نعـم ☐ أحياناً ☐ لا ☐

14- هل تجلس أمام التليفزيون مدة طويلة؟

نعـم ☐ أحياناً ☐ لا ☐

15- هل تشاهد أفلام الفيديو بشكل أكثر من المطلوب لقتل الوقت؟

نعـم ☐ أحياناً ☐ لا ☐

التعليمات:

1- أعط لنفسك درجتـان في حالـة الإجابـة بـ «نعـم» ودرجـة واحـدة في حالـة الإجابـة بـ «أحياناً»، عن الأسئلة من 1 إلى 6.

2- أعط لنفسك درجتان في حالة الإجابة بـ «لا» ودرجة واحدة في حالة الإجابة بـ «أحيانـاً»، عن الأسئلة من 7 إلى 15.

2- اجمع جميع درجاتك عن جميع الأسئلة.

تفسير النتائج:

أ - إذا حصلت على 21 درجة فأنت شخص يستفيد من وقته كما ينبغي، وبطريقة سـليمة، ولديك قدرة عالية على تنظيم وإدارة وقتك بالشكل المطلوب.

ب- إذا حصلت على 11 - 20 درجة، فأنت شخص يستفيد من وقته بدرجة متوسطة، حاول أن تستفيد من الوقت بشكل كامل، حتى لا يضيع منك في بعض الأحيان.

ج- إذا حصلت على 10 درجات فأقل، فأنت شخص لا يستفيد من وقته كما ينبغي، أنت مبذر كبير للوقت، شعارك قتل الوقت حتى ينتهي اليوم، وتعتبر ذلك ذكاء منك. إذا عرفت الحقيقة ستندم، إنك تضيع عمرك هباءً من دون أن تحقق لنفسك وللآخرين شيئاً يذكر.

وتقترح آلن لاكين عالمة الإدارة المقترحات والتوصيات الآتية لكيفية توفير وإدارة الوقت لديك:

1- اعتبر وقتك جزءً لا يتجزأ من حياتك.

2- حاول الاستمتاع بالعمل الذي تقوم به.

3- لا تضيع وقتك عند الفشل.

4- ابن حياتك على النجاح والتفوق.

5- حاول إيجاد تقنية جديدة كل يوم تتمكن من خلالها الحصول على وقت أطول.

6- تخلص من مشاهدة التليفزيون قدر الإمكان، وركز على مشاهدة الأفلام والبرامج الممتعة والمفيدة.

7- احرص على أن يكون مقر عملك بالقرب من منزلك لتتمكن من المشي إليه، واستخدم السيارة عندما تشعر بالتعب.

استقصاء

إدارة الوقت

وضع كلاً من عبدالفتاح الشربيني وأحمد فهمي جلال في كتابهما عن «أساسيات الإدارة» هذا الاستقصاء ليساعدك على قياس مهارة إدارة الوقت لديك:

م	العبـارة	غالباً 3	أحياناً 2	نادراً 1
1	أعد قائمة بالأشياء التي أنوي القيام بها.			
2	أحدد أسبقية التنفيذ للأشياء التي أنوي القيام بها على أساس النتائج التي أتوقعها.			
3	أقوم بتنفيذ كل الأشياء التي أسجلها في القائمة.			
4	أقوم بمراجعة وتعديل أهدافي العملية كتابة.			
5	مكتبي منظم ونظيف.			
6	أضع كل شيء في مكانه			
7	أعالج المقاطعة التي تعترضني بفعالية.			
8	أعثر على الأشياء التي أبحث عنها بسهولة.			
9	أتمسك بصحة ما أقول.			
10	أخصص جزءً من وقتي لأخلو بنفسي وأعمل بهدوء.			
11	أعتقد في فعالية المحادثات الطويلة.			
12	أركز على منع المشكلات قبل حدوثها ولا أنتظر لحلها بعد وقوعها.			
13	أستغل الوقت المتاح لي لأقصى درجة ممكنة.			
14	انتهي من العمل في الموعد المحدد مع توفير بعض الوقت.			
15	أحضر إلى العمل وأذهب إلى الاجتماعات في الوقت المحدد.			

م	العبـارة	غالباً 3	أحياناً 2	نادراً 1
16	أفوض صلاحياتي.			
17	يقبل مرؤوسي على المهام التي أكلفهم بها بحماس.			
18	عندما تحدث لي مقاطعة أعـود إلى العمـل بـنفس المسـتوى والروح.			
19	أقوم بالأشياء التي تقربني من تحقيق أهدافي بعيدة المدى.			
20	أخلد إلى الراحة في أوقات الفراغ دون التفكير في العمل.			
21	يعرف الآخرون انسب الأوقات للاتصال بي.			
22	انتهي من أعمالي المهمة في الساعات التي تكون فيها طاقتي الإنتاجية في أعلى مستوياتها.			
23	يستطيع الآخرون القيام بأغلب مسئولياتي في حالة غيابي عن العمل.			
24	أبدأ المهمة وأنهيها في الوقت المحدد لها.			
25	أتعامل مع الرسالة مرة واحدة.			

تفسير النتائج:

1- إذا حصلت على 51 درجة فأكثر فمهارة إدارة الوقت لديك كبيرة.

2- إذا حصلت على 26-50 درجة فمهارة إدارة الوقت لديك متوسطة.

3- إذا حصلت على 25 درجة فأقل مهارة إدارة الوقت لديك منخفضة.

استقصاء

الفروض الخاصة بالوقت

في برنامج تدريبي عن إدارة الوقت قدمته ميج (المجموعة الاستثمارية للشرق الأوسط) تم رصد قائمة من أربع وعشرين فرضاً. عليك أن تقرأه وتقرر ما إذا كنت تعتقد أن كل واحد من هذه الفروض - بشكل عام - حقيقي أم غير حقيقي.

م	الفروض	صواب	خطأ
1	أغلب الأشخاص يعانون من كثرة العمل بسبب طبيعة وظيفتهم.		
2	وظيفتك فريدة من نوعها ولا تخضع لعامل التكرار والنمطية.		
3	لم يوجد بعد من يتوفر لديه الوقت الكافي.		
4	شاغلوا المناصب الإدارية العليا يتخذون عادة أفضل القرارات.		
5	من الممكن أن يتيح لك التأخير الفرصة لتحسين نوعية القرار الذي ستتخذه.		
6	يستطيع أغلب الأشخاص التوصل إلى طرق عديدة لتوفير الوقت.		
7	إن إدارة الوقت بصورة أفضل تنحصر في تقليل الوقت المستغرق في الأنشطة المتعددة.		
8	وظيفتك تقتضيك التعامل مع الأشخاص ولما كان الجميع يتمتعون بنفس القدر من الاهتمام فإنه يصعب وضع الأولويات.		
9	تفويضك للسلطة يمكن أن يحرر الكثير من وقتك ويريحك من بعض المسئوليات.		
10	العثور على لحظات من الهدوء يعد شيئاً صعب المنال.		
11	يستطيع اغلب الأشخاص حل مشكلات الوقت بواسطة بذل جهد أكبر في العمل.		
12	الأشخاص الذين يركزون على أداء عملهم بفعالية هم أكثر الأشخاص فاعلية في الأداء.		

م	الفروض	صواب	خطأ
13	إذا أردت أن تـؤدي عملـك بطريقـة سـليمة فمـن الأفضـل أن تؤديـه بنفسك.		
14	أغلـب الأنشـطة اليوميـة لا تحتـاج إلى تخطـيط، ولا يـنجح الكثـيرون في التخطيط لها مطلقاً.		
15	ليس من الممكن دائماً العمل على أساس تحديد الأولويات.		
16	اكتشاف المشكلة شيء سهل، ولكن السـهولة تكمـن في محاولـة إيجـاد الحل لهذه المشكلة.		
17	أفضـل طريقـة لتقليـل الوقـت الضـائع هـي محاولـة اختصـار بعـض العمليات الإدارية.		
18	أغلب الأشخاص يعرفون كيف يقضون أوقـاتهم ويسـتطيعون بسـهولة أن يحددوا أكثر الأشياء التي تبدد وقتهم.		
19	إذا استطعت إدارة وقتك جيداً فإنه ستعمل وتعيش مثل الإنسان الآلي		
20	الأشخاص المشغولون النشطون الذين يقومون بالعمل الصعب يحققـون أفضل النتائج.		
21	إذا حاولت حقاً إدارة وقتك جيداً فسوف تفقد الكثير من الفرص الغير متوقعة.		
22	إن مشـكلة إدارة الوقـت هـي أنهـا لا تسـمح بالسـلوك التلقـائي، إنهـا عملية آلية أكثر منها نشطة ومتحركة.		
23	ليس من الضروري أن تكتب أهدافك.		
24	أغلب النتائج التي تحققها تكون نتيجة لقليل من الأنشطة الهامة		

وكما هو الحال في كثير من الأشياء، ليس هنـاك إجابـات محـددة تماماً لهـذه الحـالات، ولكن بعض الاستجابات الخاصة بإدارة الوقت بفعالية تكون أفضل من غيرها، وعنـد قراءتـك للإجابة الصحيحة الخاصة بكل فرض من الفروض تذكر أن الاستجابات المذكورة موضوعة على أساس ملاحظات كثيرة من المديرين وفي كل حالة مـن تلـك الحـالات، مـن المحتمـل أن تجـد استثناء لهذه القاعدة.

الفرض	الإجابة الصحيحة	الفرض	الإجابة الصحيحة	الفرض	الإجابة الصحيحة
1	✗ «خطأ»	9	✗ «خطأ»	17	✗ «خطأ»
2	✗ «خطأ»	10	✗ «خطأ»	18	✗ «خطأ»
3	✗ «خطأ»	11	غير حقيقي	19	✗ «خطأ»
4	✗ «خطأ»	12	✗ «خطأ»	20	✗ «خطأ»
5	✗ «خطأ»	13	✗ «خطأ»	21	✗ «خطأ»
6	غير حقيقي	14	✗ «خطأ»	22	✗ «خطأ»
7	غير حقيقي	15	✗ «خطأ»	23	✗ «خطأ»
8	✗ «خطأ»	16	✗ «خطأ»	24	✓ «صواب»

والآن.. ما هي النتائج التي حققتها؟ هل كانت كل إجاباتك متفقة مع الاستجابات المذكورة، أم حدث بعض الاختلافات؟

قم بتسجيل نتائجك كالتالي:

- من 22 إلى 24 إجابة صحيحة: ممتاز، أنت تستفيد من وقتك جيداً.
- من 19 إلى 21 إجابة صحيحة: جيد، أنت في الطريق لتصبح مديراً من الطراز الأول من الاستفادة بالوقت.
- من 16 إلى 18 إجابة صحيحة: مقبول، عليك أن تراجع وجهات نظرك نحو الافتراضات المذكورة.
- أقل من 16 إجابة صحيحة: ضعيف، الافتراضات الخاصة بك تأخذ الكثير من مجهودك الذي يجب أن تبذله لتحسين إدارتك للوقت.

إذا كانت معظم إجاباتك متفقة مع القاعدة العامة، فأنت تواجه صعوبات قليلة جداً في إدارة وقتك، وإذا كانت نسبة كبيرة من إجابتك لا تتفق مع القاعدة العامة، فعليك أن تفحص افتراضاتك الخاصة بموضوعية وبأمانة، لأنك غير متكيف مع الافتراضات الموضوعة وتواجه عوائق أساسية لتحسين إدارتك لوقتك، ويجب عليك أن تغير بعض افتراضاتك الخاصة أولاً.

استقصاء

مدى كفاءتك في إدارة الوقت

قدمت سلسلة الإدارة المثلى في كتاب «تنظيم الوقت» والمنشور عام 2001 استقصاء يمكن أن يساعدك في تحديد مدى كفاءتك في إدارة الوقت.

إن مفتاح الإدارة الناجحة يكمن في توافر مهارات إدارة الوقت. حاول أن تحدد قدراتك الخاصة بإدارة الوقت تبعاً للخيارات التي تحددها. حاول أن تكون أميناً بقدر الإمكان. إذا كانت إجابتك بـ «أبداً» اختر الإجابة ①. وإذا كانت إجابتك بـ «دائماً» اختر رقم ④ وهكذا. اجمع نتائجك معاً وارجع إلى التحليل الذي يوضح لك نتيجتك. استخدم إجابتك للتعرف على المجالات التي ينبغي عليك أن تطورها.

الخيارات: ① أبداً ② أحياناً ③ غالباً ④ دائماً

1- أحرص على أن تكون الساعة مرئية أثناء الاجتماعات.

❑ ① أبداً ❑ ② أحياناً ❑ ③ غالباً ❑ ④ دائماً

2- إنني أصل في الوقت المحدد وأكون مستعداً للاجتماعات.

❑ ① أبداً ❑ ② أحياناً ❑ ③ غالباً ❑ ④ دائماً

3- الاجتماعات التي أنظمها تصل للهدف منها.

❑ ① أبداً ❑ ② أحياناً ❑ ③ غالباً ❑ ④ دائماً

4- الاجتماعات التي أنظمها تنتهي في الوقت المحدد.

❑ ① أبداً ❑ ② أحياناً ❑ ③ غالباً ❑ ④ دائماً

5- إنني أطلع على البريد بمجرد أن يصل على مكتبي.

❑ ① أبداً ❑ ② أحياناً ❑ ③ غالباً ❑ ④ دائماً

6- إنني (أتصفح) اقرأ أي جريدة أو مجلة متعلقة بعملي.

❑ ① أبداً ❑ ② أحياناً ❑ ③ غالباً ❑ ④ دائماً

7- انتقل بين المجلات والجرائد التي لا يوجد اسمي بها لأقرأها.

□ ① أبداً   □ ② أحياناً   □ ③ غالباً   □ ④ دائماً

8- إنني اقرأ الفاكسات التي ترسل لي في نفس يوم وصولها.

□ ① أبداً   □ ② أحياناً   □ ③ غالباً   □ ④ دائماً

9- إنني قادر على الانتهاء من المهام دون مقاطعات الزملاء.

□ ① أبداً   □ ② أحياناً   □ ③ غالباً   □ ④ دائماً

10- إنني أقدر عدد الساعات التي تتم مقاطعتي فيها يومياً.

□ ① أبداً   □ ② أحياناً   □ ③ غالباً   □ ④ دائماً

11- إنني أقتطع ساعات معينة لزيارة الزملاء.

□ ① أبداً   □ ② أحياناً   □ ③ غالباً   □ ④ دائماً

12- إنني أغلق باب مكتبي عندما أريد أن أفكر.

□ ① أبداً   □ ② أحياناً   □ ③ غالباً   □ ④ دائماً

13- عندما أخبر المتصلين بي أنني سوف أعاود الاتصال بهم، فإنني أفعل ذلك.

□ ① أبداً   □ ② أحياناً   □ ③ غالباً   □ ④ دائماً

14- إنني أحدد مدة مكالماتي الهاتفية.

□ ① أبداً   □ ② أحياناً   □ ③ غالباً   □ ④ دائماً

15- إنني اسمح لسكرتيرتي أن تغلق مكالماتي الهاتفية.

□ ① أبداً   □ ② أحياناً   □ ③ غالباً   □ ④ دائماً

16- إنني اقرأ عدد المكالمات الهاتفية التي سوف أتلقاها بنفسي.

□ ① أبداً   □ ② أحياناً   □ ③ غالباً   □ ④ دائماً

17- إنني اقرأ الملاحظات الداخلية بمجرد أن ترد لي.

□ ① أبداً   □ ② أحياناً   □ ③ غالباً   □ ④ دائماً

18- إنني أقرأ الملاحظات الداخلية بدقة بعد ذلك.

□ ① أبداً   □ ② أحياناً   □ ③ غالباً   □ ④ دائماً

19- إنني أجعل محتويات مكتبي في مدى معقول لاستخدامي اليومي.

□ ① أبداً   □ ② أحياناً   □ ③ غالباً   □ ④ دائماً

20- إنني أرتب مكتبي وكل الأوراق فيه.

□ ① أبداً   □ ② أحياناً   □ ③ غالباً   □ ④ دائماً

21- إنني أفوض زملائي في المهام التي لا استطيع القيام بها.

□ ① أبداً   □ ② أحياناً   □ ③ غالباً   □ ④ دائماً

22- إنني أتابع العمل الذي قمت بتفويضه.

□ ① أبداً   □ ② أحياناً   □ ③ غالباً   □ ④ دائماً

23- إنني أشجع مساعديني على أن يلخصوا تقاريرهم في صفحة واحدة.

□ ① أبداً   □ ② أحياناً   □ ③ غالباً   □ ④ دائماً

24- إنني أضع في اعتباري من سيحتاج إلى المعلومات.

□ ① أبداً   □ ② أحياناً   □ ③ غالباً   □ ④ دائماً

25- إنني أحقق التوازن المثالي بين وقت التفكير ووقت التنفيذ.

□ ① أبداً   □ ② أحياناً   □ ③ غالباً   □ ④ دائماً

26- إنني أعمل قائمة بالأشياء التي سوف أؤديها كل يوم.

□ ① أبداً   □ ② أحياناً   □ ③ غالباً   □ ④ دائماً

27- إنني أعمل لعدد محدد من الساعات كل يوم، وليس أكثر منها.

☐ ① أبداً   ☐ ② أحياناً   ☐ ③ غالباً   ☐ ④ دائماً

28- إنني أبذل كل جهدي لكل أظل على اتصال دائم مع فرق عملي.

☐ ① أبداً   ☐ ② أحياناً   ☐ ③ غالباً   ☐ ④ دائماً

29- إنني أركز على الاتجاهات الإيجابية لكل زملائي.

☐ ① أبداً   ☐ ② أحياناً   ☐ ③ غالباً   ☐ ④ دائماً

30- إنني أتأكد من تعرفي على أحدث التكنولوجيا.

☐ ① أبداً   ☐ ② أحياناً   ☐ ③ غالباً   ☐ ④ دائماً

31- إنني أخزن البريد الإلكتروني الذي يصلني لاستعرضه فيما بعد.

☐ ① أبداً   ☐ ② أحياناً   ☐ ③ غالباً   ☐ ④ دائماً

32- إنني أراجع الملفات الموجودة على الكمبيوتر الخاص بي بشكل مستمر.

☐ ① أبداً   ☐ ② أحياناً   ☐ ③ غالباً   ☐ ④ دائماً

التحليل:

لقد أكملت الآن تحديدك لقدراتك، أُجمل كل نتائجك وراجع آرائك عبر قراءة تقييمك. أيام ما يكون مستوى الإنجاز الذي حققته، فتأكد دائماً من وجود إمكان للتطوير. حاول أن تحدد أماكن ضعفك، وأرجع إلى الأجزاء الخاصة بها في الكتاب حيث ستقدم لك النصيحة، وستساعدك كثيراً في تنمية المهارات.

● 32-64 تعلم كيف تستخدم وقتك بكفاءة أكثر، وأن تقلل من الوقت المهدر.

● 65-95 إن لديك مهارات معقولة لإدارة الوقت، لكن يمكن تطويرها.

● 96-128 إنك تستخدم وقتك بفعالية كبيرة، حاول أن تظل تبحث بشكل مستمر عن ممارسات تساعدك على تطوير ذلك.

144

استقصاء

كيف تدير وقتك بطريقة جيدة

في برنامج عن إدارة وتنظيم الوقت عقد عام 2007 للعاملين بوزارة القوى العاملة والهجرة، وضع محمد محمد إبراهيم الاستقصاء التالي:

فيما يلي 10 عبارات والتي تعكس بصفة عامة مبادئ إدارة الوقت بطريقة فعّالة، أجب على الأسئلة الموضحة أدناه وذلك بوضع دائرة على الإجابة البديلة التي تصف كيف تؤدي وظيفتك.

1- كل يوم استقطع جزء من الوقت للتفكير في وظيفتي والتخطيط لها.

❑ دائماً ❑ غالباً ❑ أحياناً ❑ مطلقاً

2- أضع أهداف مكتوبة ومحددة وأحدد مواعيد الانتهاء.

❑ دائماً ❑ غالباً ❑ أحياناً ❑ مطلقاً

3- أعمل قائمة عمل يومياً وأرتب الأعمال حسب أهميتها وأعطي الأولوية لأداء الأعمال الهامة أولاً.

❑ دائماً ❑ غالباً ❑ أحياناً ❑ مطلقاً

4- أنا أحتفظ بجدول زمني فيه وقت احتياطي يسمح بمواجهة أي أزمات أو مواقف غير متوقعة.

❑ دائماً ❑ غالباً ❑ أحياناً ❑ مطلقاً

5- أقوم بتفويض كل شيء أقدر عليه للآخرين.

❑ دائماً ❑ غالباً ❑ أحياناً ❑ مطلقاً

6- أحاول معالجة أي مكاتبة مرة واحدة فقط.

❑ دائماً ❑ غالباً ❑ أحياناً ❑ مطلقاً

7- أبذل مجهود خاص لأتجنب أي زيارات أو تليفونات عارضة ومزعجة.

❑ دائماً ❑ غالباً ❑ أحياناً ❑ مطلقاً

8- عندي القدرة لأقول «لا» لطلبات الآخرين التي قد تمنعني من أداء الأعمال الهامة.

❑ دائماً ❑ غالباً ❑ أحياناً ❑ مطلقاً

9- أحاول الاختصار في المكالمات التليفونية أثناء العمل.

❑ دائماً ❑ غالباً ❑ أحياناً ❑ مطلقاً

10- استخدم أجندة بالموضوعات التي سيتم مناقشتها في الاجتماعات والزمن الممكن لذلك.

❑ دائماً ❑ غالباً ❑ أحياناً ❑ مطلقاً

حتى يمكنك أن تقدر الدرجات التي يمكن أن تحصل عليها اتبع ما يلي:

أولاً: خصص 3 نقاط للاستجابة (دائماً)، 2 نقطة للاستجابة (غالبا)، ونقطة واحدة للاستجابة (أحياناً)، وصفر للاستجابة الأخيرة (مطلقاً).

ثانياً: اجمع النقاط التي حصلت عليها في العبارات العشرة، وبالتالي تحصل على إجمالي الدرجة.

ثالثاً: قارن الدرجة الإجمالي التي حصلت عليها بما يلي:

- من 0-15 يفضل أن تعطي اهتماماً أكثر لإدارة وقتك.
- من 15-20 أنت تدير وقتك إلى حد ما جيد، وهناك فرصة لتحسينه.
- من 20-25 جيد جداً.
- من 25-27 ممتاز.
- من 28-30 أنت مبالغ.

استقصاء

تحديد مستوى إدارتك لوقتك

في برنامج تدريبي لشركة كفاءات للتدريب والتوظيف والاستشارات عن «إدارة الوقت» عام 2005، ثم تقديم هذا الاستقصاء كالتالي.

أجب عن الأسئلة التالية بتجرد وواقعية لتحديد مستوى إدارتك لوقتك وسوف لن يطلع على إجابتك إلا أنت

م	العبارة	لا	نادراً	أحياناً	غالباً	دائماً
1	تعتبر نفسك شخص منظم؟					
2	لديك رسالة وأهداف واضحة تسعى لتحقيقها.					
3	لديك أهداف واضحة.					
4	لديك أهداف محددة تريد تحقيقها لإدارتك.					
5	تستخدم قائمة أعمال يومية لتنظيم أوقات عملك					
6	تقوم بترتيب الأعمال الهامة.					
7	تستخدم قائمة أعمال يومية لتنظيم أوقات عملك.					
8	تقوم بترتيب الأعمال حسب الأهمية.					
9	تركز أثناء العمل على الأعمال الهامة.					
10	تستخدم وقت طاقتك القصوى في إنجاز الأعمال التي تحتاج إلى مجهود.					
11	يخلو سطح مكتبك من الأوراق السائبة والمتناثرة.					

م	العبارة	لا	نادراً	أحياناً	غالباً	دائماً
12	تخلو أدراج مكتبك من الأوراق الكثيرة الغير مهمة.					
13	لديك نظام ملفات مفهرس في ترتيب أوراقك.					
14	تضع كل شيء في مكانه بعد الانتهاء منه.					
15	تعرف قاعدة (20-80) وتستخدمها في العمل.					
16	هل تحدد وقتاً مفتوحاً للموظفين والعملاء ومعالجة المشاكل الطارئة؟					
17	هل تتعامل مع كل ورقة تمر عليك مرة واحدة؟					
18	هل تحافظ على نظافة مكتبك وتنظيمه.					
19	تفوض ما تستطيع من الأعمال والصلاحيات لموظفيك.					
20	تستخدم مكتباً خاصاً للقيام ببعض الأعمال الهامة.					
21	تتناول غذاءً خفيفاً بعد الظهر لكي لا تشعر بالنعاس.					
22	تستطيع التغلب على مضيعات الوقت والمقاطعات.					
23	تستطيع أن تقول لا عندما يطلب شخص منك بعضاً من وقتك المخصص لأداء الأعمال الهامة.					
24	تستخدم سجل للمواعيد.					
25	تستخدم سجل لمراجعة الوقت.					

تحديد النتيجة:

أولاً: التعليمات

- صفر على كل إشارة وضعتها في حقل لا.
- درجة واحدة على كل إشارة وضعتها في حقل نادراً.
- درجتان على كل إشارة وضعتها في حقل أحياناً.
- ثلاث درجات على كل إشارة وضعتها في حقل غالباً.
- أربع درجات على كل إشارة وضعها في حقل دائماً.

ثانياً: اجمع الدرجات وأكتب المجموع هنا (   ) .

ثالثاً: تفسير النتائج

1- تشير الدرجات من 58 إلى 96 أن الشخص منظم جداً في إدارته لوقته.

2- تشير الدرجات من 70 إلى 84 أن الشخص منظم في إدارته لوقته.

3- تشير الدرجات من 55 إلى 69 أن الشخص نوعاً ما في إدارته لوقته.

4- تشير الدرجات من 41 إلى 54 أن الشخص لديه محاولات لإدارته لوقته.

5- تشير الدرجات من 30 إلى 40 أن الشخص ضعيف في إدارته لوقته.

6- تشير الدرجات من 29 فما دون أن الشخص فوضوي ولا يعرف إدارة الوقت.

استقصاء

هل أنت فعّال في إدارة الوقت؟

في كتابه «إدارة الوقت» وضع دايل تيمت - ترجمة وليد هوانه - الاستقصاء التالي. الرجاء قراءة العبارات العشر التالية التي تعبر عن مبادئ مقبولة لإدارة الوقت بفعالية. أجب عن هذه الأسئلة بوضع دائرة حول الرقم الذي يمثل مدى قيامك بعملك.

1- أحدد كل يوم وقتاً بسيطاً للتخطيط والتفكير في عملي.

❑ ⓪ أبداً ❑ ① أحياناً ❑ ② غالباً ❑ ③ دائماً

2- أحدد أهدافاً معينة ومكتوبة وأحدد مواعيد لتحقيقها.

❑ ⓪ أبداً ❑ ① أحياناً ❑ ② غالباً ❑ ③ دائماً

3- أعد قائمة عمل يومية وأرتبها حسب أهميتها وأنفذ أهمها في أسرع وقت ممكن.

❑ ⓪ أبداً ❑ ① أحياناً ❑ ② غالباً ❑ ③ دائماً

4- أعرف قاعدة (20-80) واستخدمها في العمل (تشير هذه القاعدة إلى أن 80% من فعاليتك ستظهر عندما تنجز 20% من أهدافك).

❑ ⓪ أبداً ❑ ① أحياناً ❑ ② غالباً ❑ ③ دائماً

5- احتفظ بجدول مفتوح لكي أكون مستعداً للأزمات والأمور غير المتوقعة.

❑ ⓪ أبداً ❑ ① أحياناً ❑ ② غالباً ❑ ③ دائماً

6- أفوض كل ما يمكنني إلى الآخرين ليقوموا به.

❑ ⓪ أبداً ❑ ① أحياناً ❑ ② غالباً ❑ ③ دائماً

7- أحاول أن أهتم بكل ورقة مرة واحدة فقط.

❑ ⓪ أبداً ❑ ① أحياناً ❑ ② غالباً ❑ ③ دائماً

8- أتناول غذاءً خفيفاً حتى لا أشعر بالنعاس بعد الظهر.

⓪ أبداً ☐   ① أحياناً ☐   ② غالباً ☐   ③ دائماً ☐

9- أقوم بجهد فعّال لأمنع حدوث المعترضات أو المقاطعات الشائعة (كالزوار، والاجتماعات، والمكالمات الهاتفية التي تعترض عليّ باستمرار).

⓪ أبداً ☐   ① أحياناً ☐   ② غالباً ☐   ③ دائماً ☐

10- استطيع أن أقول «لا» عندما يطلب الآخرون وقتي خاصة إذا كان ذلك سيحول دون إكمال إنجاز المهام الرئيسية.

⓪ أبداً ☐   ① أحياناً ☐   ② غالباً ☐   ③ دائماً ☐

التعليمات:

لكي تعرف درجتك أعط لنفسك:

- 3 نقاط لكل إجابة «دائماً».
- نقطتان لكل إجابة «غالباً».
- نقطة واحدة لكل إجابة «أحياناً».
- صفر لكل إجابة «نادراً»

تفسير النتائج:

اجمع النقاط لكي تعرف درجتك النهائية، فإذا حصلت على:

- 0-15 درجة : الأفضل أن تفكر قليلاً في إدارة وقتك.
- 15-20 درجة : لا بأس، لكن يمكن لك أن تتحسن قليلاً.
- 20-25 درجة : جيد جداً.
- 25-27 درجة : ممتاز.
- 28-30 درجة : ربما تكون قد عرفت الإجابة من قبل.

Test your Time – Management Skills

When it comes to managing your time, what are your strength and weaknesses? Take the following quiz to find out. For each questions, check off the answer that best reflects your situation.

	1 Always	2 Sometimes	3 Never
1- Do you plan your day according to the daily "emergencies" of others?			
2- At the end of the day do you have lots of tasks left undone?			
3- Do you repeatedly run out of household necessities such as milk, juice or intergradient for the next meal?			
4- Are you frequently late to appointments?			
5- Are you a procrastinator?			
6- Do you frequently have to work late in the evening or early in the morning to make important deadlines?			
7- If you need to locate a specific piece of paper (perhaps an invitation to a party or your latest credit card bill), would it take more than five minutes to find it?			
8- Do you forget friends' and relatives' birthdays more often than you would like to admit?			
9- Is your desk frequently piled with papers?			

	1 Always	2 Sometimes	3 Never
10- Are you up to date on your filing?			
11- Do you let the mail pile up?			
12- Do you do tasks yourself because its easier than teaching it to someone else?			
13- Do you interrupt yourself by jumping up to do something else when you're working on a project?			
14- Do you let other people waste your time with overly long telephone conversations drop-by visits that never end?			
15- Do you find that you're always losing things (from your keys to your glasses or library books)?			
Degree			
Total			

تفسير النتائج:

1- إذا حصلت على 35 درجة فأكثر فأنت تعرف قيمة الوقت وتديره بشكل أفضل.

2- إذا حصلت على 25-34 فأنت تعرف قيمة الوقت وتديره بشكل متوسط.

3- إذا حصلت على أقل من 25 درجة فأنت لا تعرف قيمة الوقت ولا تعرف كيف تديره.

ملاحق الكتاب

استمارة استبيان

عن

إدارة وقت العمل الرسمي
لدى القادة التربويين

جامعة عدن
كليـــة التربيـــة
قسم التربية

بيانات الاستمارة سرية
ولن تستخدم إلا
لأغراض البحث العلمي

استمارة استبيان
إدارة وقت العمل الرسمي لدى القادة التربويين
في المؤسسات التربية الرسمية
دراسة مطبقة على إمارتي دبي والشارقة

إعداد

الباحث/ عبدالرحمن شرف محمد

شرطة دبي

إشراف

أ.د. مدحت محمد أبو النصر	أ.د. ماهر فاضل القيسي
رئيس قسم العلوم الإنسانية والاجتماعية	كلية التربية – جامعة عدن
بكلية شرطة دبي	

1419هـ - 1999م

الأخت/ الأخ المدير التربوي   المحترم

الأخ/ الأخت مدير المدرسة   المحترم

السلام عليكم ورحمة اللـه وبركاته

الاستمارة التـي بـين أيـديكم وضعت لاستطلاع آراء القيـادات التربويـة علـى المسـتوى التنفيذي في إماراتي دبي والشارقة لتقدير الموقف من وقت العمل وتنظيمه والتعامل معه، لغرض إعداد رسالة علمية كجزء من متطلبات الحصول على إجازة الماجسـتير في التربيـة، تخصص إدارة وإشراف تربوي، وتتكون الاستمارة من ثلاثة أجزاء على النحو التالي:

● يختص الجزء الأول بالمعلومات الأساسية.

● والجزء الثاني يتعلق بالمواقف من الوقت بصورة عامة ووقت العمل على نحو خاص.

● أما الجزء الثالث، فيتصل بتقدير حجم الوقت المخصص للأنشطة المختلفة.

يرجى التعاون مع الباحث في الإجابة عن محتويات الاستمارة بموضوعية، بعـد قراءتهـا بصورة دقيقة بعد مراعاة الآتي:

1- وضع إشارة (✓) في حقل واحد من الخيارات الخمسة المحددة أمام كل عبارة في الجـزء الثاني.

2- لا يجوز وضع إشارتين أمام السؤال الواحد.

3- عدم ترك محتويات أي جزء من أجزاء الاستمارة دون إجابة.

إن مناشدة الباحث لكم للتجاوب معه طبقاً للضوابط أعـلاه، تنبـع مـن الحـرص عـلى استكمال العمل وفق الضوابط العلمية والحرص في الوصول به إلى أهدافه المخططة.

أشكركم سلفاً على تعاونكم..

وانتهز هذه الفرصة للإعراب عن فائق شكر وتقديري.

الباحث

أولاً: بيانات أولية:

1- **الوظيفة:**

مدير مدرسة

موجه تربوي ☐

2- **الجنس:**

ذكر

أنثي ☐

3- **المرحلة التعليمية:**

ابتدائية ☐   إعدادية ☐   ثانوية ☐

4- **آخر مؤهل دراسية تم الحصول عليه:**

دكتوراه ☐   ماجستير ☐   دبلوم ☐

معهد إعداد معلمين بعد الثانوية ☐

دورة معلمين قبل الثانوية ☐

ثانياً: تنظيم الوقت

العبارة	أتفق تماماً	أتفق بدرجة كبيرة	لا أتفق	أتفق إلى حد ما	لا أتفق أبدا
1- يتعذر إعداد قائمة بالمهام المطلوب إنجازها يومياً.					
2- أعمال الموجهين التربويين ومديري المدارس مرتبة سلفاً وهي على درجة واحدة من حيث الأهمية.					
3- تخصيص وقت محدد لكل مهمة والالتزام به حالة مثالية غير قابلة للتنفيذ على أرض الواقع.					
4- العلاقات الاجتماعية تلزم الموجهين والمديرين تخصيص أوقات كافية لها.					
5- تجنب مضيعات الوقت عملية صعبة المنال.					
6- الإدارة البيروقراطية لا تتسامح في الإخلال بالمواعيد، وهذا أمر يجب التخلص منه.					
7- للالتزام بالمواعيد يجب إعطاء وقت كاف تجنباً لأي طوارئ غير متوقعة.					
8- كثيراً ما يواجه الإنسان ظروفاً تمنعه من تنظيم أوقات عمله بصورة سليمة.					
9- الوقت الضائع يمكن تعويضه إذا توفرت الإرادة.					
10- ليس عيباً أن يؤجل الإنسان عملاً يمكن إنجازه بعد حين.					

العبارة	أتفق تماماً	أتفق بدرجة كبيرة	لا أتفق	أتفق إلى حد ما	لا أتفق أبدا
11- مضيعة الوقت أطروحة يراد بها تحفيز المرؤوسين لإنجاز المهام بمواعيدها المحددة.					
12- المسئولية الملقاة على عاتق القائد التربوي تفرض تخصيص مساحة معقولة من وقت العمل لمتابعة ما تنشره الصحف والمجلات من موضوعات تربوية.					
13- عادة لا يتصرف الإنسان بوقت العمل، بالصورة التي يريدها.					
14- لا قيمة للوقت إذا لم يقيم من قبل الآخرين.					
15- لا يجب أن يعمل الإنسان أكثر مما يعمله الآخرين لي نفس المستوى.					
16- لا يجوز تكليف القائد التربوي خلال وقت العمل بإنجاز مهام خارجية عن إرادته حتى إذا كانت قيمة تربوية.					
17- لكي ينمو القائد التربوي مهنياً لابد أن يعطي للكتاب وقتاً مناسباً للقراءة خلال تواجده في المكتب.					

ثالثاً: حجم الوقت

النشاط	دقيقة	ساعة
1- زيارة الفصول الدراسية.		
2- لقاء المعلمين لمناقشة الأمور المتصلة بعمليتي التعليم والتعلم.		
3- متابعة أداء المعلمين والعاملين.		
4- متابعة خطة العمل المدرسي.		
5- معالجة المشكلات الطلابية.		
6- الأعمال الورقية (التوقيع - قراءة البريد - كتابة الخطابات الرسمية).		
7- الاجتماعات التي تدعو مرؤوسيك لحضورها.		
8- الاجتماعات التي يتم دعوتك لحضورها.		
9- الأوقات التي تقتضيها داخل المكتب للقيام بمهام رسمية.		
10- الأوقات التي تقضيها خارج المدرسة لإنجاز مهام رسمية		
11- قراءة الصحف والمجلات.		
12- أداء فريضة الصلاة.		
13- لقاء العاملين من غير أعضاء الهيئة التعليمية.		
14- استقبال أولياء الأمور.		
15- استقبال الضيوف.		
16- المكالمات الهاتفية (إرسال واستقبال).		
17- تقديم ومراجعة المهام.		
18- تلبية الدعوات الرسمية.		
19- المداولات مع الرؤساء المباشرين.		

20- إنجاز مهام خاصة.		
21- كتابة التقارير وملء البيانات في السجلات الرسمية.		
22- حضور الندوات والمؤتمرات.		

رابعاً: أولويات الأنشطة

يرجى وضع الأنشطة التي تدخل تحت نطاق عملك مرتبة ترتيباً تنازلياً حسب درجة أهميتها، مع تحديد نسبة الوقت الذي تقضيه في كل نشاط على مدار الأسبوع:

م	النشاط	نسبة الوقت %
-1		
-2		
-3		
-4		
-5		
-6		

خامساً: مضيعات وقت العمل الرسمي

يرجى تحديد مضيعات وقت العمل الرسمي لديك مرتبة ترتيباً تنازلياً:

1- ....

2- ....

3- ....

4- ....

5- ....

6- ....

سادساً: كيفية التغلب على مضيعات وقت العمل الرسمي

يرجى وضع مقترحاتك التي تراها هامة في التغلب على مضيعات وقت العمل الرسمي لديك.

1- ....

2- ....

3- ....

4- ....

5- ....

6- ....

سابعاً: أي بيانات أخرى إضافية

يرجى وضع أي بيانات أو أفكار أو آراء متعلقة بموضوع البحث ترى أنها يمكن أن تفيـد الباحث:

1- ....

2- ....

3- ....

4- ....

5- ....

6- ....

شكراً جزيلاً على حسن تعاونكم

الباحث

المصادر والمراجع

- 📖 أولاً: المصــــــادر.
- 📖 ثانياً: المراجع العربية.
- 📖 ثالثاً: المراجع الأجنبية.

المصادر والمراجع

أولاً: المصادر

1- القرآن الكريم.

2- الأحاديث النبوية الشريفة.

ثانياً: المراجع العربية

1- إبراهيم الفقي: **المفاتيح العشرة للنجاح** (كندا: المركز الكندي للتنمية البشرية، 1999).

2- أحمد سيد مصطفى: **إدارة السلوك التنظيمي** (القاهرة: المؤلف، 2005) .

3- أحمد سيد مصطفى: **إدارة السلوك التنظيمي** (القاهرة: المؤلف، 2005).

4- أحمد سيد مصطفى: **المدير ومهاراته السلوكية** (القاهرة: المؤلف، 2005) .

5- أحمد عزت راجح: **أصول علم النفس** (الإسكندرية: دار المعارف، 1977).

6- أحمد محمد عبد الخالق: **الأبعاد الأساسية للشخصية** (الإسكندرية: دار المعرفة الجامعية، 1987).

7- أكرم رضا: **إدارة الذات** (القاهرة: 2003).

8- امديست: البرنامج التدريبي لتطوير **المهارات الإشرافية** (الجيزة: Amideast، 2002).

9- امديست: **البرنامج التدريبي لتطوير المهارات القيادية** (الجيزة: Amideast، 2005).

10- بيت وهين وستين كامينز: **تغيير العادات** (الرياض، مكتبة جرير، 2002).

11- توتاليتي: **البرنامج التدريبي إدارة الوقت** (القاهرة: شركة الخبرات الدولية المتكاملة، 2002).

12- جاري ديسلر: **إدارة الموارد البشرية**، ترجمة محمد سيد أحمد (الرياض: دار المريخ، 2003).

13- جون سي ماكس ويل: **لليوم أهميته** (الرياض: مكتبة جرير، 2006).

14- جيرالد جرينبرج وروبرت بارون: **إدارة السلوك في المنظمات**، تعريب رفاعي محمد رفاعي وإسماعيل علي بسيوني (الرياض: دار المريخ، 2004).

15- حسن محمد خير الدين وآخرون: **العلوم السلوكية** (القاهرة: مكتبة عين شمس، 1995).

16- الخبراء العرب في الهندسة والإدارة: **البرنامج التدريبي: إدارة الوقت** (القاهرة: Team: 2006).

17- دايل تيميت: **إدارة الوقت**، ترجمة وليد هوانه (الرياض معهد الإدارة العامة، 1411هـ).

18- روبرت كيلي: **كيف تصبح نجماً لامعاً في العمل**؟ الشركة العربية للإعلام العلمي «شعاع»، خلاصات، السنة 6، العدد 15، ا لقاهرة: أغسطس 1998).

19- زكي قمر: **البرنامج التدريبي مهارات إدارة الوقت** (القاهرة: المجلس القومي للمرأة، 2007).

20- زكي محمود هاشم: **الجوانب السلوكية في الإدارة** (الكويت: وكالة المطبوعات، 1978).

21- ستيفن كوفي: **العادات السبع للناس الأكثر فعالية** (الرياض: مكتبة جرير، 2004).

22- ستيفن كوفي: **العادة الثامنة**، الشركة العربية للإعلام العلمي (شعاع) خلاصات، السنة 12، العدد 24، الاقهرة: ديسمبر 2004.

23- سلسلة الإدارة المثلى: **إدارة الاجتماعات** (بيروت: مكتبة لبنان، 2003).

المصادر والمراجع

24- سلسلة الإدارة المثلى: **التفويض الفعّال** (بيروت: مكتبة لبنان، 2002).

25- سلسلة الإدارة المثلى: **تنظيم الوقت** (بيروت: مكتبة لبنان، 2001).

26- سمير محمد فريد: **البرنامج التدريبي إدارة الوقت** (القاهرة: وزارة القوى العاملة والهجرة، 2007).

27- سمير محمد فريد: **البرنامج التدريبي تفويض السلطة** (القاهرة: وزارة القوى العاملة والهجرة، 2007).

28- سيد الهواري: الإدارة، **الأصول والأسس العلمية للقرن الحادي والعشرين** (القاهرة: مكتبة عين شمس، ط12، 2000).

29- عبد الرحمن توفيق: المهارات السبع للنجاح (القاهرة: مركز الخبرات المهنية للإدارة «بميك»، 2004).

30- عبد الستار إبراهيم ورضوى إبراهيم: **علم النفس أسسه ومعالم دراساته** (الرياض: دار العلوم للطباعة والنشر، ط3، 2003).

31- عبدالرحمن شرف محمد: **إدارة وقت العمل الرسمي لدى القادة التربويين** (عدن: رسالة ماجستير، غير منشورة، كلية التربية، جامعة عدن، 2001).

32- عبدالله بن عبدالكريم السالم: «أهمية لغة الجسم في الاتصال مع الآخرين» ، **مجلة الإدارة**، المجلد 32، العددان 3 و 4 ، القاهرة، يناير- أبريل 2001.

33- عبدالله بن ماجد آل فطيم، «إدارة الوقت»، **مجلة أهلا وسهلا**، الخطوط العربية السعودية، الرياض، ديسمبر 2003.

34- عدنان على سعيد باصليب: «هل للزمن قيمة مالية في الإسلام»، **مجلة الراجحي**، شركة الراجحي للصراف، العدد 74، الرياض: مارس 2003.

35- عمرو حسن أحمد بدران: **كيف ترتقي بنفسك؟** (المنصورة: مكتبة جزيرة الورد، 2005).

36- عمرو حسن أحمد بدران، **كيف تحقق ذاتك؟** (المنصورة: مكتبة جزيرة الورد، 2006).

37- فيونا هارولد: **7 قواعد للنجاح** Rules of Success، 2007.

38- القسم العلمي: **الوقت في حياة الشباب** (الشارقة: مركز الكتاب والشريط الخيري، 2007).

39- كفاءات للتدريب والاستشارات: **البرنامج التدريبي إدارة الوقت** (الرياض: كفاءات للتدريب والاستشارات، 2005).

40- كيري جليسون: **برنامج الكفاءة الشخصية**، ترجمة نواف الضامن (الرياض: دار المعرفة للتنمية البشرية، 2003).

41- مارشال كوك: **إدارة الوقت** (الرياض: مكتبة جرير، 2001)

42- مجمع اللغة العربية: المعجم الوجيز (القاهرة: دار التحرير للطبع والنشر، 1980).

43- محمد أبو العلا أحمد: **علم النفس العام** (القاهرة: مكتبة عين شمس، 1996).

44- محمد أحمد هيكل: **مهارات التعامل مع الناس** (القاهرة: مجموعة النيل العربية، 2006).

45- محمد عبد الغني هلال: **إدارة الجودة الشاملة** (القاهرة: مركز تطوير الأداء والتنمية، 2005).

46- محمد عبد الغني هلال: **إدارة الوقت** (القاهرة: مركز تطوير الأداء والتنمية، 2005).

47- محمد عبد الغني هلال: **البرمجة اللغوية العصبية** (القاهرة: مركز تطوير الأداء والتنمية، 2005).

المصادر والمراجع

48- محمـد عبـد الغنـي هـلال: **مهـارات التفـويض الفعّـال** (القـاهرة: مركـز تطـوير الأداء والتنمية، 2003).

49- محمد محمد إبراهيم: **البرنامج التدريبي إدارة الوقت** (القـاهرة، البيـت العـربي للتـدريب والاستشارات، 2007).

50- محمد محمد إبراهيم: **البرنامج التدريبي إدارة الوقت** (القـاهرة، وزارة القـوى العاملـة والهجرة، 2007).

51- محمد نبيل كاظم: **كيف تحـدد أهـدافك عـلى طريـق نجاحـك؟** (القـاهرة: مكتبـة دار السلام، 2006).

52- مدحت محمد أبو النصر: **الخدمة الاجتماعية الوقائية** (دبي: دار القلم، 1996).

53- مدحت محمد أبو النصر: باب أعرف نفسك، **مجلة الرياضة والشباب**، دبي: 1997.

54- مدحت محمد أبو النصر: باب اكتشف شخصيتك، **مجلة الشروق**، الشارقة، 1998.

55- مدحت محمد أبو النصر: «كيف تدير وقتك»، **مجلة الأمن**، القيادة العامة لشرطـة دبي، السنة 27 ، العدد 219، 1999.

56- مدحت محمد أبو النصر: **أكتشف شخصيتك وتعرف على مهاراتك في الحياة** ، (القاهرة، إيتراك للطباعة والتوزيع والنشر، 2002).

57- مدحت محمد أبو النصر: **الإعاقة النفسية** (القاهرة: مجموعة النيل العربية، 2005).

58- مدحت محمد أبو النصر: **البرنامج التدريبي إدارة الوقت** (القاهرة: الأكاديميـة المصريـة الألمانية، 2005).

59- مدحت محمد أبو النصر: **البرنامج التـدريبي مهارات الاتصـال الفعّـال** (الجيـزة: الـدار العربية للتنمية الصناعية والإدارية، 2005).

المصادر والمراجع

60- مدحت محمد أبو النصر: **البرمجة اللغوية العصبية** (القاهرة: مجموعـة النيـل العربيـة، 2006).

61- مدحت محمد أبو النصر: **إدارة اجتماعات العمل بنجاح** (القاهرة: مجموعة النيل العربية، 2006).

62- مدحت محمد أبو النصر: **لغة الجسم** (القاهرة: مجموعة النيل العربية، 2006).

63- مدحت محمـد أبو النصر: **الاتجاهـات المعـاصرة وتنمية المـوارد البشرية**، (القاهرة: مجموعة النيل العربية، 2007).

64- مدحت محمد أبو النصر: «إدارة الـذات: المفهـوم والأهميـة والمحـاور»، **ورشـة العمـل وملتقى كيف تدير ذاتك لتستطيع إدارة الآخرين**، الاستشاريون لتنمية الموارد البشرية، القاهرة: 8-9 يناير 2007.

65- مدحت محمد أبو النصر: **إدارة الذات**: (القاهرة: دار الفجر للنشر والتوزيع، 2008).

66- مدحت محمد أبـو النـصر: **أساسـيات علـم ومهنـة الإدارة** (القاهرة: مكتبـة دار السـلام، 2007).

67- مـدحت محمـد أبـو النـصر: **الاتجاهـات المعـاصرة في تنميـة وإدارة المـوارد البشريـة** (القاهرة: مجموعة النيل العربية، 2007).

68- ممـدوح محمـد سـلامة: **مقدمـة في علـم النـفس** (القـاهرة: دار النـصر للتوزيـع والنـشر، 2002).

69- منير البعلبكي: **المورد، قاموس إنجليزي عربي** (بيروت: دار العلم للملايين، 2007).

70- ميج: **البرنامج التدريبي لإدارة الوقت** (القـاهرة: المجموعـة الاستشارية للـشرق الأوسـط، 1995).

71- نادر أحمد أبو شيخة: **إدارة الوقت** (عمان: دار مجدلاوي، 1991).

72- ناصر العديلي: **السلوك الإنساني والتنظيم** (الرياض: معهد الإدارة العامة، 1995).

73- نبيل عشوش: **السلوك الإنساني والتنظيمي في الإدارة** (الجيزة: أكاديمية الفراعنة، 2006).

74- نبيه إبراهيم إسماعيل: **عوامل الصحة النفسية السليمة** (القاهرة: إيتراك للطباعة والنشر والتوزيع، 2001).

75- نجيبة الخضري: **مقدمة في الصحة النفسية** (القاهرة: دار المعرفة، 2000).

76- هاري ألدر وبيريل هيندر: **البرمجة اللغوية العصبية في 21 يوماً** (الرياض: مكتبة جرير، ط4، 2004).

ثالثاً: المراجع الأجنبية:

1- A. Bandrura : Principles of Behavior Modification (N.Y. Holt, 1979).

2- Abraham H. Maslow : Motivation and Personality (N.Y.: Harper of Row, 2nd. ed. 1970).

3- A.M. Morrison: The New Leader (San Francisco: Jossey Bass, 1992).

4- Andrew Dubrin: Applying Psychology: Individual and Organization Effectiveness (D.S.A.: Prentice Hall, 3rd. ed., 2002).

5- Aubrey C. Daniels : Bringing Out The Best in People, (California: Mc. Graw Hill, 2002) ..

6- C.V. Good: Dictionary of Education (N.Y.: MC. Grow Hill, 3rd. ed., (1993).

7- David Lascelles & Roy Peacock : Self-Assessment for Business Excellence (N.Y.: 1997).

8- Dean R. Spitzer : Super Motivation (N.Y.: AMACOM, 1995).

9- D. Mechanic: Theories of Personality (California: Brooks Publishing Co., 5th. ed., 2002).

10- Donald Weiss: Get Organized, How to Control Your Life Through Self Management (N.Y.: AMACOM, 1986).

11- D. Schultz : Theories of Personality (California: Brooks Publishing Co" 5th. ed., 2005).

12- E.R. Hilgard & Others: Introduction to Psychology (N.Y.: Harcourt Barce Jouanovich Inc., 7th. ed., (1979).

13- Gray Dessler:L Human Resource Management (Virginia: Reston Publishing Co., 1989) & (N.J.: Prentice Hall Int. Inc., 7th. Ed., 1997).

14- Gordon Walles: How to Communicate? (London: MCGraw Hill, 2005).

15- Hary Alder & Beryl Heaher: NLP in 21 Days (London: Judy Piatkus Publishers, 1999).

16- H.S. Friedman: Personality (N.Y.: Harper Publishers, 2nd. ed.,2002).

17- Hyrum W. Smith: The 10 Natural Laws of Successful Time & Life Management (London: Allen & Unwin, 1998).

18- Ian Show: Time Management (Cardiff : University of Wales Pr~ss, 2007).

19- James L. Gibson and Others: Organization: Behaviour, Structure & Process (D.S.A.: Busniess Publication Inc., 3rd. ed., 1970).

20- Jerald Greenberg & Robert A. Bron: Behavior in Organizations (N.J.: Prentice Hall, 2000).

21- John B. Miner: The 4 Routes to Enterpreneurial Success JSan Francisco: Berrett -Koehler Publishers, 1993).

22- Lee Richardson (edr.): Dimensions of Communication (N.Y.: Meredith Corporation, 4th. ed., 2000) ..

23- Moi Ali & Others: Managing for Excellence (London: Dorling Kindersley, 2001).

24- Nido Qubein: How to Get Anything you Want (Malasia: Golden Books, 2006).

25- Oxford: English Reader's Dictionary (Oxford: 2007).

26- Robert E. Kelley : How to be a Star at Work (N.Y.: Times Business, 1998).

27- Robert Heller & Tim Hindle: Essential Manager's Manual (London: Dorling Kindersley, 1998).

28- Robert H. Rosen & Paul B. Brown: Leading People, The Eight Proven Principles for Success in Business (D.S.A.: Penguin Group Inc., 2nd Ed., 2000).

29- Robert M. Hochheiser: Time Management (N.Y.: Barron's Educational Series, Inc., 2nd. Ed., 1998).

30- Ronald Walton: Time Management (Cardiff: University of Wales Press, 2007).

31- Ronni Eisenberg & Kate Kelly: The Overwhelmed Person's Guide to Time Management (England: Penguin Books Ltd., 1997).

32- Stephen R. Covey: The 7th. Habits of Highly Effective People, Powerful Lessons in Personal Change (London: Pocket Books, 1989,2004).

33- Stephen R. Covey: The 8th. Habit from Effectiveness to Greatness (London: Simon & Schuster, 2004).

34- Sue Knight: NLP at Work (London: Nicholas Brealey Publishing, 2002).

35- Susan Sliver : Organized To Be The Best (Los Angles, CA: Adams - Hall Publishing, 1994).

36- Thomas S. Batemen & Carl P. Zeithaml: Management (Boston: IRWIN, 1990).

37- Webesters New World Dictionary (N.Y.: World Books, 2007).

38- Wemer Severin & lames Tankard: Communication Theories (N.Y.: Longman, 4th. ed., 2003).

T0128319

Printed in the United States
By Bookmasters